公路运营隧道
检测评估及维修处治技术

何 杰 著

北京工业大学出版社

图书在版编目（CIP）数据

公路运营隧道检测评估及维修处治技术 / 何杰著
. — 北京：北京工业大学出版社，2025.7重印
ISBN 978-7-5639-6475-8

Ⅰ．①公… Ⅱ．①何… Ⅲ．①公路隧道－运营管理－研究 Ⅳ．①U459.2

中国版本图书馆 CIP 数据核字（2019）第 021055 号

公路运营隧道检测评估及维修处治技术

著　　者：何　杰
责任编辑：张　娇
封面设计：孙　洋
出版发行：北京工业大学出版社
　　　　　（北京市朝阳区平乐园 100 号　邮编：100124）
　　　　　010-67391722（传真）　bgdcbs@sina.com
经销单位：全国各地新华书店
承印单位：三河市元兴印务有限公司
开　　本：787毫米×960毫米　1/16
印　　张：8.25
字　　数：165千字
版　　次：2021年10月第1版
印　　次：2025年7月第3次印刷
标准书号：ISBN 978-7-5639-6475-8
定　　价：42.00元

版权所有　翻印必究

（如发现印装质量问题，请寄本社发行部调换 010-67391106）

前 言

交通运输业是我国社会经济发展的基础产业，是推动我国经济发展和社会进步的强大动力。

高速公路自出现以来，以其巨大的社会效益赢得了社会的认可，已经成为现代化交通的重要标志。今后，随着我国国民经济和社会的蓬勃发展，以及公路客、货运输量的迅速增长，高速公路在我国仍将进一步发展。

随着高速公路网络化的逐步形成和日益完善，高速公路运营管理的重要性随之凸显出来，而且越来越重要。我国高速公路运营管理的模式多种多样，运用多种管理方法，产生了不同的管理效应。实践证明，只有对作为现代化基础设施的高速公路进行科学管理，才能体现出高速公路的整体性、系统性和科学性，才能充分发挥其快速、高效、安全、畅通的功能和优势。所以，学界对于高速公路运营管理的研究方兴未艾，并随着高速公路的发展仍会深入进行下去。

隧道是现代公路交通运输载体的重要组成部分，隧道的检测以及日常管理关系着隧道的健康状态和使用状况，对道路交通及运输有着重要的影响。因此，建立一套系统完善的隧道健康检测评估与维修处治技术体系是今后隧道管理工作发展的必由之路。

当前我国对公路隧道施工安全的重视度较高，而对运营公路隧道的安全重视不足。事实上每年在隧道内发生的交通安全事故不计其数，对于大多数安全事故如果采取必要的措施，则完全可以避免或减小损失。因此，进行公路隧道运营研究是必不可少且具有重要意义的。本书主要分析和研究了公路运营隧道检测评估及维修处治技术等方面的问题，希望能对致力于公路工程方面的学者起到借鉴作用。

目　录

第一章　高速公路运营管理体制 1
　　第一节　我国高速公路运营管理体制的现状及存在的问题 2
　　第二节　建立高速公路运营管理体制的思路和架构 7
　　第三节　设置高速公路运营管理机构的原则及注意事项 9
　　第四节　高速公路运营管理机构 11
　　第五节　高速公路运营管理机构的职能 14
　　第六节　国外高速公路运营管理体制概况 18

第二章　高速公路现代化管理系统 25
　　第一节　高速公路现代化管理系统概述 26
　　第二节　通信系统 27
　　第三节　监控系统 43
　　第四节　收费系统 56
　　第五节　电源系统 66

第三章　公路运营成本管理 71
　　第一节　公路运营成本管理概述 72
　　第二节　道路使用效益分析 77
　　第三节　交通量调查与养护成本 80

第四章　公路隧道运营安全 85
　　第一节　公路隧道运营安全概述 86
　　第二节　高速公路隧道运营安全影响因素分析 90
　　第三节　高速公路运营安全评价中常用的方法分析 98
　　第四节　工程应用研究 101

第五章　高速公路隧道检测分析评估 105
　　第一节　隧道检测的目的、内容及评定标准 106

第二节　隧道环境工程地质 …………………………………………… 110
　　第三节　工程应用实例 …………………………………………………… 114
第六章　桥梁隧道健康检测与智能管理系统探究 …………………………… 117
　　第一节　桥梁隧道健康检测与智能管理系统的发展进程 …………… 118
　　第二节　桥梁隧道健康检测与智能管理系统的模式 ………………… 119
　　第三节　桥梁隧道健康检测与智能管理系统的发展前景 …………… 120
参考文献 …………………………………………………………………………… 123

第一章
高速公路运营管理体制

第一节　我国高速公路运营管理体制的现状及存在的问题

体制是指国家机关、企业、事业单位等的组织制度。高速公路管理体制是指高速公路管理机构为确保高速公路顺利建设和运营而建立的组织制度。

高速公路运营管理的质量取决于建立一个完善适用的机构。这个机构应当具有稳定的组织形态、合理的运行机制、明确的职责分工和有效的管理力度，这样才能保证高速公路运营管理工作的顺利进行，才能发挥高速公路的经济效益和社会效益。

近十几年来，我国各省、市依据自己的实际情况，在高速公路运营管理机构的建设上进行了大胆的探索与改革，积累了很多宝贵的经验。但随着社会主义市场经济体制的逐步建立和多种融资方式的不断引入，原来在计划经济体制下形成的高速公路运营管理模式已愈来愈不能适应多元化投资主体的需要。在一定时期内，我国高速公路具有两种属性，即公益性和商品性。公益性高速公路是以公益服务为宗旨的，有稳定的建设资金来源和固定的运营管理经费。而具有商品属性的经营性高速公路是在社会主义市场经济条件下，按照价值规律管理和经营的高速公路。商品性高速公路的形成是社会发展的必然产物，同时也为我们探索研究高速公路运营管理提供了新的领域和依据。

一、我国高速公路管理体制现状

高速公路运营管理体制是指能够保证高速公路运营管理活动有效开展的组织形式和运作机制，它包括管理机构与人员、管理规则和运行机制三个要素。

我国自20世纪80年代末开始修建高速公路，至今只有几十年的时间，因此，如何管理好高速公路需要一个经验积累的过程。各省、市人民政府根据各自的实际情况，对高速公路运营管理的组织形式进行了不同的探索，形成了多种模式并存的局面，各种模式间也有很多交叉和相容的部分。为了叙述方便，这里介绍五种主要的类型。

（一）行政隶属体制

高速公路管理体制按行政隶属关系可划分为集中管理型、分片管理型和专线管理型三大类。

1. 集中管理型

集中管理型是指成立省级高速公路专门机构实行统一管理。将管理重心放在资金、技术、实力比较强的省一级，实行人、财、物由省级统一管理，它有利于加强高速公路的统筹协调和领导，有利于充分发挥高速公路的投资效益和运营效益。目前，我国的陕西、辽宁、山西、湖南、安徽等省均采用这种体制。在省交通厅的领导下，成立了专门从事高速公路经营管理的高速（或高等级）公路管理局（或公司），初步形成了高速公路的集中统一管理。但这种体制形成了"一省两局"的局面，在现有管理体制下，两局间的协调较为困难。

2. 分片管理型

分片管理型是指在省交通厅的统一领导下，按高速公路的不同片区成立专门的管理机构，各片区的管理机构是相互独立的。如果相互间产生矛盾，则需要省一级交通主管部门来协调解决。目前，我国的四川省采用这种体制。

3. 专线管理型

专线管理型是指在省交通厅的直接领导下，按高速公路的不同项目分别成立专门的管理机构，各管理机构之间是相互独立的，这就是通常所说的"一路一公司"或"一路一局"。目前，河北、江苏、广东、北京、上海、天津等省市均采用这种体制。例如，首都机场高速公路由首都高速公路发展公司负责管理。这种体制在目前状态下管理比较顺畅，也符合传统。它能够较好地适应多种资本运营方式的管理，如采用建设—经营—转让（BOT）方式、股份制、转让经营权等的运营管理。但这种体制的缺点是不利于统一行业标准及行业规范，不利于公路行业的统一调控。

(二) 效益核算体制

高速公路管理按效益核算体制划分，可以分为事业管理型、企业管理型、事业单位企业化管理型和混合型四种。

1. 事业管理型

事业管理型是指参照一般公路管理办法，成立与现有公路管理局并列的高速公路专门管理机构，全面负责高速公路管理，形成"一省两局"。实行收支两条线管理，通行费收入全额上缴上级主管部门，运营管理经费根据年度计划由上级主管部门审批划拨。我国的陕西、辽宁、浙江、上海、天津和重庆等省市就采用这种体制。这种体制具有较强的计划性和行政管理性，较易体现高速公路运营管理的政府职能，但行政干预范围较大，独立行使自主权限较小。特别是面对高速公路经营管理逐步走向市场的新形势，这种体制已不适应今后发展的方向。

2. 企业管理型

企业管理型是指借鉴国外经验，引入政府授权下的特许经营机制，实行特许公司制管理。有的省设立一个特许经营总公司负责全省高速公路管理，并以每个高速公路项目成立分公司进行管理；有的省直接以每个高速公路项目成立特许公司进行管理。该体制完全采用企业公司运作方法，在经济上实行独立核算、自负盈亏。虽受上级部门或董事会、管委会领导，但本身是较完善的经济实体。这种体制在人事、财务、经营等方面有较强的独立自主权，易于通过自主经营实现自我发展。我国的广东、广西、四川、湖南、河北、北京等省市就采用这种体制，即成立高速公路股份有限公司等。但由于公司的性质，无法行使行政权力和体现政府管理职能，路政、交通安全等管理需要委托受权或派驻。

3. 事业单位企业化管理型

事业单位企业化管理型是指在机构设置及经费使用上基本沿用事业管理型模式，在财务核算上借助了公司核算方法的某些优势，并根据核算方式的侧重不同，形成准事业型或准企业型的管理，如安徽、上海就是采用这种体制。这种体制综合了上述两种体制的优点，便于行使政府职能，有利于搞活经营管理。在一定的时期内，该体制对高速公路运营管理起到了积极作用。但这种体制在用人、权责、管理机制等方面无法真正按照现代企业制度独立运作，易造成大量冗员、资金浪费等现象。

4. 混合型

混合型是指在高速公路建设刚起步时，有的省份按照"谁建设、谁管理"的原则，采用不同的项目由省交通厅下属不同的机构实施管理，出现了多种管理模式并存的局面。江苏、甘肃等省采用这种管理体制。

（三）行业管理体制

高速公路行业管理是指政府交通主管部门代表政府对高速公路实施的一种行政性管理。高速公路行业管理是从中央到地方各级交通主管部门的重要职能之一。高速公路行业管理的主要内容是：规划指导、法规建设、监督检查、市场培育、协调服务和精神文明建设等。

高速公路行业管理体制可分为如下两类：

1. 行业归口型

行业归口型是指一个省只有一个公路行业管理职能机构，由省一级交通主管部门及其派出的公路管理机构负责行业管理。该公路管理机构既是一般公路的行业管理机构，又是高速公路的行业管理机构。法国的公路局内设有高速公路特许公司监理部、高速公路管理局、高速公路养护处、安全和用户服务处等机构，负责行业管理。

2. 行业独立型

行业独立型是指在设置省一级公路管理机构的同时，另行设置高速（或高等级）公路管理局，形成"一省两局"。高速公路和一般公路的行业管理分别归口于这两个局。

(四) 建设管理体制

高速公路管理主要包括建设管理与运营管理两个方面。高速公路建设管理体制根据高速公路建设管理与运营管理是否由同一个管理机构实施，分为如下两种模式：

1. 建、管一体型

建、管一体型是指从规划、设计、筹资、贷款、施工直至收费还贷、养护维修、经营管理均进行全权负责。这种体制具有较好的统筹兼顾性，有利于降低工程造价及运营成本，提高施工质量及服务水平，增强高速公路管理者的经营责任意识，充分发挥高速公路应有的社会效益和经济效益。这种体制一般具有兼容集中管理型或企业管理型体制的功能，可以形成极富活力的运营管理模式。首都高速公路发展公司采用这种体制。

2. 建、管分离型

建、管分离型是指高速公路的规划、设计、筹资、建设管理由专门机构负责，高速公路建成后，则由另一个专门机构负责运营管理工作。这种体制有利于高速公路的专业化管理，有利于集中精力研究各项管理业务，提高管理水平。但此种体制在建设后转入管理需要一个较长的调整适应期，且管理的好坏在一定程度上依赖于建设施工质量，管理的衔接性、主动性相对较差。转让经营权的高速公路一般属于这种管理类型。

(五) 交通管理体制

由于交通管理体制历史演变过程较长，情况较为复杂，内容也较多，这里就不再一一赘述。

综上所述，根据现代管理理论和高速公路管理需求分析，高速公路管理应该具有集中管理的行政隶属体制、企业型的效益核算体制、归口型的行业管理体制、一体型的建设管理体制和统一执法的交通管理体制的特点。概括地讲，高速公路管理应采用垂直领导、企业管理、行业归口、建管一体、统一执法的管理体制。

二、我国现行高速公路运营管理体制的弊端

随着我国改革开放的不断深入和社会主义市场经济的逐步建立，现有高速公路

运营管理体制中的一些问题也显现出来，特别是管理体制混乱、机构设置交叉重叠、职能不清、执法力度不够等问题相当突出。在面对市场的情况下，原事业型管理模式的不适应问题也很突出。但仅就管理体制而言，目前存在的主要问题如下：

（一）建管分离

高速公路的建设、管理和养护应当是一个互有联系的完整的系统，很多运营管理的设施和方案在建设规划期间就应当给予充分考虑。同时，工程建设质量的优劣对运营管理的效益和考核也会产生直接影响。而目前很多省市由于投资体制和建管周期不同步等原因，使建管体制分离开来，十分不利于高速公路的管理及发展。

（二）一路多制

高速公路作为交通运输的基础设施，其运营管理应当是一个完整的系统工程，特别是对系统内的人、事、路（环境）的管理不能人为地分割开来。目前存在的政出多门、执法不一、相互掣肘的现象已严重影响了高速公路的管理及其在社会中的形象。近年来，随着高速公路运营管理公司化进程的加快，以政府职能形式派驻的路政队伍与高速公路管理公司间的工作协调问题也有待在实践中完善。

（三）管理分散

由于不少高速公路的投资主体不同或采用分段修建方式，因而在一个省、一个地区的同一路段中，往往存在多个互不隶属的管理单位或实体。这些单位或实体按照各自的利益行使管理权、设置主线收费站，缺少相互间的协调和统一，影响了高速公路的畅通，给用户带来了很多不便。

（四）政企不分

目前我国高速公路大多是在计划经济向市场经济转轨的过程中建立的，是在由政府投资逐渐向政府与企业、内资与外资多元化投资主体转变的过程中运作的。因此，即便是一些已经注册的高速公路经营公司，也都或多或少地带有原事业单位的背景，这种情况束缚了高速公路以自主法人身份进入市场竞争，影响了运营效益的提高。

三、我国高速公路运营管理体制改革的发展趋势

高速公路建设是一项投入资金大、建设周期长的工程项目。近年来为了加快其发展，以适应国家经济建设的需要，完全依靠国家财政拨款建设高速公路已不再可能，随之而来的是大量吸引外资参与高速公路的建设与管理。其主要方式如下：

(一) 经营权转让

在高速公路建成之后，业主通过转让经营权收回先期建设投资，以加快资金周转率。而购买经营权方则通过收取通行费及其他费用的方式在转让期内收回投资，获取利润。

(二) BOT方式

这是一种比较流行的、成功的融资方式，是"Build-Operate-Transfer"三个英文单词的简称。它由投资方进行高速公路建设，经营若干年后再无偿转让给当地政府。

(三) 股份制改造

这是目前乃至今后高速公路建设的一种主要融资方式。这种方式通过对高速公路资产存量的重组和股份化改造，将高速公路股票在境内外直接上市融资，以筹集大量资金。

上述几种资本的运作方式无疑会对高速公路今后的运营管理机制产生重大影响，也就是说，多元化的投资主体必定带来多元化的管理机制与其相适应。今后我国高速公路的运营管理将进入一个企业化的发展时期，这是总的趋势。因此，对我国高速公路运营管理体制的研究应当充分考虑这个前提。

第二节 建立高速公路运营管理体制的思路和架构

一、基本思路和基本架构

建立中国特色的高速公路运营管理体制必须从我国的实际出发，充分考虑我国经济体制改革和政治体制改革的总体框架和要求，实行党政分开、政企分开，走市场经济体制的道路，走企业化管理的道路。

关于高速公路运营管理体制的问题，经过多年的实践和理论探索，绝大多数专家、学者和领导都认为，高速公路的运营管理体制应当推行公司（集团）制，在国家给予优惠政策的前提下，实现高速公路的特许经营。具体做法是：一个省（直辖市）组建一个高速公路总公司（集团），负责全省（直辖市）高速公路的建设和经营；每一条高速公路组建一个子公司，负责该路段的经营管理。这个总体架构的实现分为如下四个部分：

①每一个高速公路建设项目应按《公司法》的要求组建经营性高速公路公司，即所谓的子公司，实行严格的项目法人责任制。由独立的法人全权负责高速公路项目的策划、筹资、建设、经营管理、偿还贷款、保值增值的全过程。

②省级高速公路总公司(集团)受政府委托，对省内各高速公路子公司实施管理。在条件成熟时，要组建集团化公司，定高速公路集团化之路。

③理顺现行的高速公路管理体制，规范名称和管理权限。各地高速公路的行政主管部门对高速公路的运营实行行业管理，重点进行行业法规、行业标准、行业规划、收费标准与系统协调等宏观调控工作。对于高速公路公司的经营活动，只能以国有资产代表者的身份参与经营管理，不应进行过多的行政干预。

④各级政府可采用执法委派或派驻方式对高速公路的路政管理和交通安全管理进行统一管理，杜绝长期以来高速公路管理中存在的政出多门、一路多制的现象。

二、上述架构的优越性

上述高速公路运营管理架构比较适合我国目前高速公路发展的趋势，并具有较多的优越性。

①比较好地处理了政府与企业间的关系，基本上达到了政企分离的目的，摆正了政府与企业各自的位置，可使高速公路公司按照现代企业制度的管理模式放开手脚，大胆经营，这对提高高速公路的经营水平和经济效益起到积极的促进作用。

②实现了高速公路建设、养护、经营、管理的"一体化"要求，有利于高速公路设计、施工、管理等各个环节的衔接；有利于降低成本，提高建设质量；有利于减少人员，实现管理层的精干、高效。

③贯彻了"统一收费，统一经营，分路筹资，分路建设，分路核算，分路还贷"的原则，提高了各子公司的责任意识和经营意识，增强了企业活力，保证了高速公路直接效益和间接效益的发挥。

我们还应当看到，目前在高速公路的建设与管理中，政府的行政干预尚不能完全排除。这是因为在目前的条件下，多数省份的经济实力不足，单靠企业融资还有一定难度，加之特许经营的有关法规、政策尚不完全配套，单纯依靠公司体制去发展高速公路的条件还很不成熟。即便完全进入了市场化管理，由于市场"失灵"难以避免，作为宏观调控的政府行政干预还是必要的。因此，在高速公路运营管理的实践中，还要根据本省、本地区的具体情况具体分析，建立相应的体制与机制，并逐步实施。

另外，我国高速公路的建设目前仍主要由省级政府负责组织实施，在高速公路运营管理体制上，各地都按照自己的具体情况进行实践与探索。因此，我国高速公路的运营管理体制在今后较长的一段时期内仍然会保持多元化的格局。

第三节 设置高速公路运营管理机构的原则及注意事项

合理设置高速公路运营管理机构是为了通过现代化的管理技术与方法，保证高速公路整体功能的发挥，使高速公路"安全、快捷、经济、舒适"的目标得以实现。在高速公路运营管理体制确定的前提下，建立合理的高速公路运营管理机构对完善管理职能、提高高速公路的经济效益和社会效益有着不可估量的作用。

一、设置高速公路运营管理机构的主要原则

高速公路运营管理机构的设置应当把握好四个原则：

（一）统一领导的原则

实行高速公路运营管理的统一领导是由高速公路运行的整体性、系统性和各项管理活动之间联系的不可分割性决定的，是科学的管理体制对同一行政管理活动的管理主体唯一的、确定性的要求；是我国高速公路管理实践多年行之有效的管理经验，也是国外高速公路管理的共同做法。

高速公路运营管理涉及多个层次、多个地区、多个专业和部门，要使各个方面在统一的目标下各司其职，各负其责，协调、有序地运转，必须实行统一领导。

高速公路运营管理的各项活动都是由行政管理部门或授权、委托的专业管理机构实行的；管理的客体是公路，以及使用、利用公路的人的行为和车；管理的空间都是在同一场所同一高速公路上进行的；管理的共同目标是确保交通运输的安全、畅通和社会、经济效益的实现，因而具有实行统一领导的必要性和客观条件。

高速公路的统一领导是由交通行政主管部门实施的行业管理职能的统一，即管理法律、法规、规章的统一，管理经济、技术标准的统一，管理总体目标的统一。

因此，根据统一领导的原则，在机构设置和职能配置上应相对集中而不宜分散。

（二）分级管理的原则

在高速公路实行统一领导前提下的分级管理是由我国的经济体制和高速公路的特性决定的。我国地域辽阔，高速公路分布面广，建设、管理任务繁重，不可能由中央或省、市、区统包统揽。高速公路按其在公路网中的地位，主要分为国道和省道，其功能不同，分布地域不同，服务范围不同，必然导致管理也有所不同。

从高速公路资产形成的过程看，我国高速公路的建设资金来源于多渠道、多形式，一条国道干线或省道高速公路既有中央政府投资形成的资产，也有地方政府投

资形成的资产，还有国内外经济组织投资形成的所有权属国家而收费经营权属经济组织的资产。

高速公路主要是由地方政府组织建设的，建成后为地方或区域服务，而在管理过程中，还有许多工作需要地方政府的支持和配合。

高速公路运营管理活动主要有行政管理和资产经营两大类，每一类都有不同的层次、不同的管理范围和权责。

根据管理幅度理论和上述特点，高速公路的运营管理应实行统一领导下的分级管理，以充分发挥中央、地方和高速公路经营企业者多方面的积极性。

(三) 分工合作的原则

分工是社会化大生产的基本形式，也是高速公路管理的客观要求。在高速公路管理的大系统中，各个管理层级——中央、地方和管理基本单元，多个管理环节——计划、组织、控制、反馈，各个管理子系统——路政、交通安全、收费、养护、服务、通信监控等，都有相应的机构按职能分工运作。要使这种分工运作适应高速公路管理系统化、高效率和服务优质的要求，必须建立不同层级、环节、部门之间紧密合作的关系，做到相互适应、相互协调和相互融洽，以发挥综合优势和整体效益。

(四) 精简高效的原则

高速公路设施的现代化、管理的高科技化、运行的高速度化，需要建立精简高效的管理体制。高速公路管理机构设置的合理程度将直接影响运营管理的成本和效率。同时，高速公路作为可经营的"准公共产品"，其经济效益和社会效益的实现也需要一个精简高效的管理体制来保证。所以，在高速公路运营管理机构的设置上，应在统一领导、分级管理、分工合作的基础上，贯彻精简高效的原则，最大限度地发挥现有管理资源的作用。

二、设置高速公路运营管理机构时应注意的问题

在设置高速公路运营管理机构时，应特别注意如下问题：

(一) 要注意机构的兼容性

高速公路运营管理业务涉及面较宽，各业务间有着必然的承接关系或交叉联系，很难完全分割开来。因此，在确定机构时，要充分考虑各业务间的兼容性，尽量缩小管理层面，扩大操作层面，实现机构的精干高效。

(二) 要注意机构的扩展性

虽然我国高速公路的建设一般都采用分期修建的方式。但在设置高速公路运营管理机构时，必须考虑高速公路的发展规划，使机构设置能适应今后发展的需求，并有较强的扩展功能，以便于将来连续管理或与路网管理相衔接。尤其在路程较短、交通量发展较快的高速公路上，这一点显得更加重要。

(三) 要注意机构的超前性

由于高速公路具有完善的技术装备和先进的科技管理手段，设置管理机构时，不仅要适应这种状况，而且还应有超前意识。因为高速公路所拥有的科学技术的发展日新月异，在为运营管理提供强大支持的同时，将加速管理理念的更新和机构编制的缩减。

(四) 要利用社会服务的职能

高速公路运营管理具有较强的社会性，特别在医疗、救护、维修等方面与社会有广泛的接触。但在机构设置中，这方面的内部职能要简化，外部职能要强化，将那些能由社会承担的业务逐步推向社会，以减少不必要的管理层次。

第四节　高速公路运营管理机构

根据《中华人民共和国公路法》和高速公路运营管理机构设置原则，高速公路运营管理组织宜采用"三级直线一职能型结构模式"。这种结构模式的特点是：在不同的管理层次上，形式简单，权责分明，专业技术职能明确，是一种较理想的管理模式。

一、高速公路运营管理机构的设置

(一) 分级管理机构

高速公路的运营管理无论是行政事业型还是公司企业型，一般采用三级管理形式。

①省、市、区高速公路管理局（总公司）为第一级，负责高速公路规划、建设、资金筹措与投入、管理规范、标准的制定等工作，下设相应的职能部门。

②高速公路管理处（分公司）为第二级，具体负责某段高速公路的各项运营管理工作。管理处除设有职能管理部门外，还有具体实施操作的管理单位。

③具体管辖路段的管理所为第三级，这一级管理是最底层的管理单元，一般有

收费站、监控站、通信站、养护工程队、服务区等。

上述三级管理模式多数采用两级核算方式，即实行局、所两级核算。除服务区、工程队外，一般不再建立核算机制。但也有进行三级核算管理的。

(二) 职能管理机构

高速公路内部职能管理机构的建立应坚持"精简高效"的原则，根据实际情况设置，不搞上下对口，注意体现综合业务功能，以适应高速公路技术密集型管理的特点。有条件时，可按党政、业务、行政管理等建立数个综合部(室)，实行集体办公。

这样，一般业务可在部(室)内自行协调解决，如养护、机械、物资、计划、财务、收费之间的协调等。这种设置不仅提高了办事效率，还加强了不同业务间的相互监督，提高了人员的业务能力和综合办公能力。

(三) 操作管理机构

高速公路操作管理机构一般有两种类型。

一是建立综合管理所，即按管辖长度（大约每50千米）设置管理所，由管理所全权负责管辖路段内的养护、收费、路政、监控、服务经营等各项业务。这种设置有利于内部协调，特别适合路程较长的高速公路。

二是建立专业管理所，即按不同的业务内容设置专业管理所，由各专业管理所分别负责养护、路政、收费、监控、服务经营等业务。这种设置有利于加强专项业务管理，特别适用于路程较短的高速公路。

无论哪种管理系统，各元素间都存在着相互制约、相互联系的关系。当某元素发生变化时，将导致其他元素变化。因此，各元素只有融为一体，才能充分发挥运营管理的整体效益。

二、高速公路运营管理机制

高速公路的运营管理不仅取决于内部管理机构的设置，还取决于其采取的管理方法及管理机制。这方面应注意如下四点：

(一) 改革用工制度

在保证人员高素质的前提下，尽可能压缩在编人员，扩大聘用制、合同工、临时工使用范围，采用就近招聘的办法，考核录用身体健康、文化程度较高、纪律性较强的人员。

采取聘用制、合同制有很多好处。例如，约束力强，便于管理；单位经费负担少；机动性大，可随时增减人员；竞争较强，利于择优录用。其缺点是工资基金管理难度大，培训任务较重。但总的来说，利大于弊，这是目前普遍采用的一种管理机制，也比较成功。

高速公路运营管理主要需要具有专业特长的技术人员。对这部分人可制定特殊政策，给予较高的待遇。为了保持高速公路运营管理的活力，既要做到骨干力量相对稳定，又要做到一般人员相对流动，但流动比例不宜超过30%。

(二) 落实经济承包责任制

对养护工程或其他业务可采用经济承包的办法落实责任。承包可在内部与外部同时进行，承包的内容可以是包任务、包质量、包安全、包成本（或经济指标）、包完成时间等。

落实经济承包责任制一方面，可缩减养护、施工、服务、经营队伍，达到机构精简、工作高效的目的；另一方面，可通过竞争调动各方面的积极性，创造更高的经济效益。

(三) 采用内部招投标管理

这是比经济承包更具活力的一种管理方式，适用于大多数高速公路经营性管理内容。特别是，在所有权与经营权分离的前提下，高速公路经营管理可以更好地放开内部市场，引入竞争机制，择优选择承包人。适宜采用招投标管理的项目包括：高速公路养护工程、单项工程、服务区经营、物资采购、职工副业基地管理等。

(四) 实行目标责任管理

目标责任管理的对象主要是各职能部门，它解决了各部门不同业务间难以对等考评的难题，使各部门工作有了量化指标，对促进、检查各职能部门的工作有明显的推动作用。

根据高速公路运营管理的总体规划和年度工作，制定各自的工作计划和工作目标，并以此作为考核的依据。责任目标的制定包括工作内容、工作标准、完成时间、成果验收等量化考核指标，并依此进行阶段和全年工作考评，并实行重奖重罚。

实行目标责任管理的关键是目标的制定要在群众参与下反复推敲，严格兑现。

第五节　高速公路运营管理机构的职能

高速公路运营管理部门除做好外部工作外，主要应做好内部管理工作，如技术、计划、财务、物资、材料、设备、设施管理等。内、外部管理工作是互相配合、彼此渗透、相辅相成的，做好内部管理工作可以推动外部工作持久有序地进行；而外部管理工作的各种要求又促使内部管理工作深入研究，解决问题，在运行中提高管理水平，形成良性循环。

一、高速公路技术管理

高速公路技术管理工作涉及工程、养护、路政、通信、监控等项目的管理，这些工作都应严格遵守国家的方针、政策和有关技术规范及质量标准。

(一) 建立技术岗位责任制

建立技术岗位责任制可使管理工作纳入科学管理的轨道，充分调动技术人员的工作积极性，增强他们的责任感，做到各司其职，使管理工作井井有条。

(二) 建立并完善技术档案

利用计算机建立和管理完整的技术档案，使数据确凿真实，工作有案可查。技术档案包括：路段施工、竣工图，机具、仪器说明书与安装图，试验、科研项目报告与验收鉴定书，相关技术法规、技术制度、相关文件。所有档案均应做到完整无缺，并建立一套收发、保管、查询、借阅制度。

(三) 认真把好技术关

路政、养护、通信、监控等部门要随时了解公路工程、通信线路、机具、监控设施等的情况，按制度规定养护、维修，并对操作人员给予技术指导，使设备正常运转；要建立技术操作规程和标准，大、中修工程应做计划安排，做好设计，编好预算，安排好招投标和工程监理，按合同进行管理，并参与中间检查及竣工验收工作。

(四) 掌握信息动态

有关高速公路的各种政策、资金、标准、技术、管理等动态在不断发展，不断更新。我们应随时收集国内外有关信息，并进行分析研究，结合实际需要加以利用。尤其是技术项目更新、改造时，更要收集相关信息，进行对比优选后再做出决策。

有关部门要注重建立高速公路数据、信息库，储存并提供有关路面、桥梁、隧道、公路建设、投资效益路网扩建与改建、公路运输决策等信息，使高速公路管理工作具有科学依据。

(五) 积极开展技术创新

高速公路管理要特别注重新设备、新机具、新工艺、新材料的运用,开展技术创新,求得效益。有关部门应鼓励、支持技术开发工作,以技术创新促进管理工作,提高效率,增进效益;有计划、有目的地加强技术培训和业务进修,全方位提高技术水平。

在技术开发上,既要大胆创新,又不能脱离实际,要量力而行,尽量利用现有技术设备和力量解决技术难题。有关部门也可与有关院校、科研部门进行技术合作,联合攻关。

二、高速公路计划和财务管理

(一) 高速公路计划管理

在市场经济体制下,实行计划管理是符合客观经济规律的,是经济责任制的可靠依据,也是提高经营效益的必要手段。

高速公路的计划管理工作要抓住三个中心环节,即计划的编制、计划的实施、计划的控制与检查分析。

执行计划时,首先,要贯彻执行国家有关高速公路的方针、政策、法令、规定,结合管辖范围,统筹兼顾,综合平衡,留有余地;其次,要充分利用人、财、物等各种资源,进行合理开发,发挥高速公路的整体功能;最后,要优先考虑国家利益,兼顾集体、职工个人利益,实现高速公路经营的良性循环,为发展高速公路积累更多资金。

高速公路计划管理工作还应做好以下几件事:

①分类管理计划。有关高速公路管理的计划要分项制订,分别落实,通常有如下四类:

一是投资计划,有长期、中期、短期计划,包括设施建设、技术改造、发展预测、人才培训、交通运营等。

二是收入计划,主要是车辆通行费和其他经营项目的收入。

三是支出计划,主要是还贷实施计划、经常管理费用计划、材料供应计划、设备购置计划等。

四是专项大、中修计划,经常性维修计划。

②重视统计工作。统计工作是计划工作的基础,要编制、执行好计划,首先要重视统计工作,才能为领导决策和计划调整提供可靠数据。具体工作有如下两项:

一是制作统计报表，统一统计指标、口径、计算方法，按日、月、年要求，及时填报各项原始报表，并进行归口管理和汇编分析。

二是建立、健全各项定额标准，加强定额管理工作，正确使用已有定额和及时补充、修订定额。定额是计划的基础，也是编制、检查、执行计划的依据。

③收集高速公路经济信息。收集有关高速公路经济的信息资料，掌握国内外公路经济动态，可为营运决策提供依据，为计划的准确性提供可靠数据。

(二) 高速公路财务管理

加强高速公路财务管理对经济核算，增收节支，提高经济效益，推动高速公路企业化管理，具有十分重要的现实意义。

财务管理的目的是根据资金运动的规律，合理组织财务收支，协调处理财务关系，为高速公路建设与运营管理服务，并取得良好的经济效益。

财务管理与其他管理工作一样，应贯彻国家政策法令，认真执行各项财务制度，严肃财经纪律，维护国家财产，推行财务人员岗位责任制。

要做好财务工作还需要注意以下各项：

①认真编制、执行财务计划，做到拨款、使用、分配按计划进行，严加控制，注意开源节流。

②监督、检查各项生产经营活动的收支情况，审查经济合同与协议，纠正违纪事件，把好财经纪律关。

③对重大经济活动，进行经常观察、分析，及时提供财经信息，做好领导参谋。

④有计划地做好财务人员的培训工作，提高其政治素质和业务素质。

⑤制定财务规章制度和办法，按规定完成报表和账目，健全会计档案，妥善保管有关凭证、资料。

⑥会同有关部门核定单位固定资产和流动资金，并加强管理。

⑦根据有关规定，定期进行财务审计，监督检查实施情况，并进行奖惩。

三、高速公路物资材料管理

物资材料管理是指公路养护、维修、管理所需各种物资材料的计划、采购、供应、保管、发放等全过程的管理。物资材料管理应做到如下几点：

①建立健全物资材料的计划、采购、验收、保管、领用制度。

②物资材料的采购应在保证产品质量的前提下，优选货源，尽量选择价格合理、产地近、运输方便的物资材料。

③切实做好物资材料的仓储管理工作，主要做好四件事：

一是把好质量关和数量关，这是验收入库的核心。

二是储放保管要分区、分类、标码堆放，做到账物相符；注意物资安全，防潮、防锈、防火、防腐、防尘、防损坏、防丢失。

三是物资材料发放实行限额发放，防止浪费。

四是定期进行清仓核资，检查有无超员储存、积压、损坏、变质等现象，并及时使用、堵漏、修复。

④按要求、规格和日期，保质保量提供生产需要的物资材料。

⑤在保证道路质量标准的前提下，配合技术管理部门，采用新材料、新工艺、新机具、新设备，促进科技进步。

⑥制订物资消耗定额与储备定额，尽力减少物资消耗，最大限度地节约资金。

⑦提高物资材料的周转率，少占用流动资金。

四、高速公路设备、设施管理

高速公路的设备、设施比一般公路种类多，技术先进，结构复杂。因此，必须加强对它们的管理工作，以达到使用寿命长、费用经济、效能最高的目的。

设备、设施管理工作的主要内容是：正确选型，合理操作，及时维修，计划检修，适时更新改造等。还应注意六点：

①正确选购设备。选购设备、设施时，要注意产品的可靠性、稳定性、耐久性，尤其野外使用的设备要经得起恶劣气候的考验。例如，南方的高温、潮湿、台风、暴雨等的袭击；北方的严寒、干燥、风沙、冰雪等的侵扰。

选购设备、设施时，还要注意产品的经济合理性，考虑其使用性能、节能性能、环保评价等。同一类型的产品要货比三家。在签订供应合同时，要注意产品的规格、型号、单位、单价、检验标准、调试安装、运输条件、保修期等内容。

②设备、设施的使用要尽量防止"大机小用""小机大用""精机粗用"的不正常现象；要认真执行操作人员岗位责任制，坚持先培训后上岗制度，并严格执行设备、设施的安全操作程序。

③对设备、设施的维护、检查和修理，应建立日常预防维修制度、定期检查制度和有计划的小、中、大修制度，保证设备、设施处于经常完好状态，避免机械事故发生。

④加强设备、设施的更新改造，把新科技成果应用于现有设备、设施，提高设备、设施的使用性能。

⑤建立设备、设施技术档案，掌握设备、设施购置、使用、保养状况，使其随时可供查询。设备、设施管理部门应对使用者提供技术指导，解决疑难问题；积极

参加各种设备、设施技术交流活动，推广应用新技术，不断提高设备、设施管理以及使用人员的技术素质。

⑥及时编制或修订主要设备安全技术操作规程，做好设备、设施事故的分析工作，处理好事故，预防事故的发生。

第六节　国外高速公路运营管理体制概况

高速公路是许多发达国家陆路运输的主要方式，在经济发展过程中起着重要的作用。高速公路具有工程项目多、质量要求高、占用土地多、投资金额大等特点。如何拓宽高速公路投融资渠道，有效地使用资金和迅速回收资金，始终是高速公路决策、建设、管理部门所考虑的主要问题。

有些国家虽然通过加大税收、车辆购置费、轮胎费、汽油费来解决高速公路建设的资金问题。但对使用高速公路的单位和个人来说，收取车辆过路费仍是回收资金公平合理而又有效的途径。例如，美国过去规定由联邦资助建设的公路项目一概不收费，但由于高速公路发展的迫切需要，改为允许利用联邦政府资金、发行债券和私人投资修建的高速公路收费。而日本高速公路一般都是收费道路，而且收费金额较高。德国、法国、意大利等国的高速公路大部分也收费，只有少数路线不收费。目前只有英国、瑞士、丹麦几个少数欧洲国家的高速公路还不收费。

一、日本高速公路运营管理体制

(一) 组织机构

日本高速公路的资产属于建设省，道路公团负责管理工作，公团领导由建设大臣任命。行政上实行三级制，即道路公团为总部，下设若干管理局，管理局下设管理事务所和营业所。

管理局的主要职能是制订维修计划，负责道路设备检修、公路养护、交通管理和收费工作，一般是24小时服务。

管理事务所负责所管辖路段的巡回检查、道路小修保养、收费、路政、交通情报收集、设施运转监控、环境保护等的管理。其中，许多生产业务工作由各公司承包，管理事务所则主要负责管理和监督。例如，收费工作包给收费公司；路面清扫、修补、绿化等工作由各个公司分别承包。各承包公司只提供工人，所有机械、车辆、设备等都由道路公团提供。虽然管理事务所的业务项目很多，但定编人员却很少。

(二) 收费

日本高速公路的收费方式有人工收费和磁卡收费两种，每个收费站都设有情报板、电话和监控装置。

车辆标准：一般将车辆划分为五种类型，即轻型自动车(摩托车)、小型机动车、中型机动车、大型机动车、特大型机动车，按运行里程长短计费。收费除用于道路维修外，每年提取一定资金用于偿还新建公路的贷款。收费标准每3~4年调升一次，由开始时的每车8日/元，涨到23日/元。与其他国家相比，收费是较高的。

(三) 生活服务设施

日本高速公路上的生活服务设施较为完备，沿线除有加油站、车辆修理所、住宿、食堂、商店外，还有老年人、残疾人使用的专设厕所。

这些服务设施的间距为加油站平均约10千米一个，大型休息场所平均30千米一处，这些设施均24小时提供服务。

(四) 交通管理

道路公团管理局下设交通管理所，它与交通警察、消防部门协同进行交通安全管理。管理所为交通安全的实施机构，配有巡逻车定期巡视道路，并有人24小时值班。

交通管理所的主要任务如下：
①排除路障，消除事故隐患；
②疏导临时发生故障的车辆；
③在交通阻塞时，在路上设置警戒线；
④向中央控制室报告气象、路面情况；
⑤与交通警察、消防部门共同处理交通事故；
⑥限制通过立交桥车辆的车重、轴重和车高。

日本交通局下设高速公路管理科，各地方(都、道、府、县)成立高速公路警察队。

高速公路管理科的职能如下：
①调查规划高速公路交警活动；
②管理整治有关交通安全设施；
③规划指导交通安全研究课题；
④管理高速公路交通警察。

高速公路警察队的职能如下：

警察队是维护道路治安和执行交通法规的一支队伍，以县为界进行管理，通过执法来维护交通安全。由交通巡视员乘巡逻车执勤，通过无线电通信和紧急电话处理交通事故，并负责向中央控制室提供交通信息。

一旦发生交通事故，当地消防、医疗、汽车联合会、救援组织共同协作处理事故。

二、美国高速公路运营管理体制

(一) 管理体制

美国联邦运输部成立于1967年，是全国各种运输事务的最高行政机构，主要由联邦公路管理局、公共运输管理局、海运管理局、公路交通安全管理局、交通运输统计局等十多个部门组成。

美国联邦公路管理局是主管全国公路规划、建设、养护和运营的职能部门，隶属于美国各州政府的运输厅，全面负责高速公路的建设、养护和运营管理工作。

美国的州际高速公路和国家公路网由联邦公路管理局负责规划、设计和施工，由各州负责进行管理和养护，属于地方分权的管理体制。

对于高速公路的养护和管理，各州按地理区域划分，人员由各方面的技术人员组成，配备有各类大、中、小型相结合的成套机械，属于技术密集型组织。它除负责常规养护、全面巡查外，还兼有计划、技术、财务等管理工作的职能，同时还负责工程成本效益的分析与比较，对管养的路段采取外包或自营等方式进行养护。

对于高速公路交通安全管理方面，各州通过公路警察行使道路交通安全管理职能，由联邦有关部门立法，各州公路警察执法，法庭和监察部门司法。各州制定出的《公路安全计划管理程序》由各部门分工协作，共同完成高速公路管理工作。

(二) 收费系统

美国高速公路收费系统种类较多，其投资金额和收费效率也各不相同。每套系统的费用相差很大，每条车道收费效率从每小时500辆到1800辆不等，技术水平从人工的单一设备到自动化控制系统亦有高有低。

总的情况是：美国的高速公路收费系统经历了几十年的演变，越来越多地采用高度自动化的收费系统及财务管理系统，不仅提高了收费工作的速度及准确性，而且也显示了资料的收集与处理功能，使财务工作也能及时地进行清理和结算。

尽管当前美国使用的收费系统形形色色，但归纳起来可分为四大类，即人工收费、硬币式自动收费、统一票证收费和自动车辆辨认收费。

设计和建设一个适用、高效且投资、运营合理的公路收费系统不仅公路的总体设计要制约，而且与具体的环境条件、行车状况、技术支持和保障措施以及人员的管理水平有关。即使有先进的电子设备系统，也必须有良好的维护和技术支持系统作保障，才能使全线收费站的工作正常运转。否则一旦设备出现故障，不仅影响收费工作，而且会导致发生交通阻塞等事故。

（三）服务设施

美国收费公路的运营服务设施和服务水平都明显高于一般的免费公路，它具有配套完善齐全的服务区、停车场、加油站、餐饮、住宿、医疗和应急服务等。这是吸引司乘人员使用高速公路、提高道路使用率的重要举措，其收入也很可观，约占每年收费总收入的3%~4.5%。

（四）交通安全管理

美国高速公路的交通安全管理由各州警察和公路巡警队负责，由拥有一切警察权力的警官行使交通警察职能。各州巡警队员都要事先经过公路巡警学院的严格培训才能录用上岗。

警察的装备由高速公路管理部门提供，采用计算机管理，有巡逻警车、完备的通信设备、枪支和应急设备。交通警察的服务关系和保证是与州警察机构签订合同，把相互关系和职责内容固定下来。开支款项每年约占总收入的3%~11%。

交通警察的职能范围如下：

①交通指挥和控制。疏导交通，提供信息，发生紧急情况时采取措施执行特别规定。

②执行交通法规。逮捕、传讯、警告违法者，纠正违章者，收集道路和环境信息；与法官、检察官、交通工程师、道路管理人员配合处理交通事故。

③交通事故调查。提交阐明事故起因及产生背景的调查报告，并到法庭作证。

④救援服务。救助肇事、有病的驾驶员，并配合各州拥有的维修车、消防、医疗部门有关人员统一部署救援工作，或为汽油耗尽的车辆提供燃油。

⑤治安保卫。对办公室、收费广场、服务区、收费缴款等工作的治安保卫、车

辆逃费和漏费的干预工作负责；有时还配合联邦政府警察进行治安管理。

三、法国高速公路运营管理体制

(一) 管理体制

法国政府于 1955 年颁布法令，允许将高速公路的建设、管理工作交由国家指定的某些特许公司负责。目前，法国共有 9 家特许公司，承担着全国路网三分之一道路的维修、交通监控、收费、信息提供等工作，以及新路的修建和管理工作。由于存在竞争和比较，这 9 家特许公司都极力将所管辖的道路建设成为政府和公众所期望的"迅速、安全、舒适和对用户友好"的高质量道路。

法国的公路局内设有高速公路特许公司监理部、高速公路管理局、高速公路养护处、安全和用户服务处等机构。

各特许公司又设有中央管理局，管理范围大、里程多，还增设地方管理局。每个地方管理局往往拥有 5~6 个管理事务所，负责交通巡逻、清扫作业、小修保养、防治冰雪及事故处理等工作。

(二) 收费

法国各条高速公路的收费标准并不一致，各特许公司有权自行确定。每条高速公路的基本收费率是按造价、贷款利率、国家预交工程款额、交通量预测等因素确定的。这些因素因高速公路的不同地段、不同年代修建情况而变化。从 1980 年开始，各高速公路收费严重失调，收费变化较大。为避免这些差异产生的不良影响，政府采取了协调收费率的措施，使高速公路收费率趋于统一。

法国高速公路收费支出的比例大致是：10% 用于收费系统管理，10% 用于道路和安全设施的维护，7% 用于道路大修，5% 用于缴税，其余则用于偿还借贷本息和高速公路拓宽工程。

收费方式分为两种：一种为封闭式系统，汽车在进口处领卡、出口处缴费；另一种为开放式系统，汽车在入口处一次缴纳过路费，不管行驶距离长短，收费金额都是一样的。

在收费系统中采用了自动收费设备，以减少收费人员，并可防止作弊现象。在封闭式收费系统的出口处设有车辆检测器，它能自动区分车型、车高、收费金额，能自动打印并传送到收费站控制塔。每班交班时将收费总额与控制塔计数总额相核对，每班只允许 100 法郎的误差。

目前法国在收费系统中广泛采用穿孔硬卡，并且正逐步改为磁卡、信用卡和磁性月票。

(三) 交通管理

法国对交通管理各有分工,道路工程的管理由公共工程、住房、领土整治和运输部负责;城市治安和道路交通的管理由内政部负责;地方治安和道路交通的管理则由国防部负责。

高速公路的每一管理事务所拥有安全巡逻车,5名安全员以3天工作、2天休息,轮流24小时值班,每2千米有一名宪兵驾驶车辆巡逻。全国的高速公路网由6个地方控制中心监控,这些控制中心由当地宪兵队和特许公司共同管理,与巴黎东部的法国宪兵总部、全国高速公路监控中心相连,24小时不间断地收集道路交通信息。其他安全设施的设置、事故处理程序与欧美等国的情况基本相同。

第二章
高速公路现代化管理系统

第一节　高速公路现代化管理系统概述

高速公路现代化管理系统包括通信系统、监控系统、收费系统、电源系统等。可以说，现代化管理系统是采用先进的电子设备对交通、收费、路况等进行监控和管理的总称。它涉及系统工程、交通工程、电子通信、计算机、电视摄像、录像广播等专业技术，是一个多学科的、技术密集的系统工程，也是高速公路管理的中枢，其好坏直接影响高速公路安全、快速、舒适和高效能的发挥。下面较详尽地介绍了现代化管理系统的构成、功能及设施、设备在系统中的作用。

现代化管理系统投资大、技术复杂，占用人员较多。刚修建的高速公路的交通量在一些地区不会立即增加，因而可根据各地情况分期、分段实施。但一定要在高速公路建设初期就统一规划，考虑发展，预留各种管线、机房、道口位置等。

高速公路现代化管理系统的分类一般有如下两种方法：

一是按系统功能划分，它主要包括通信系统、监控系统、收费系统和电源系统四部分。每个系统又包含若干功能单元，每个功能单元可完成一些特定的功能。通信系统包括干线通信（微波、光纤等）、移动通信、程控交换、紧急和指令电话等系统设备。它完成的主要任务是：根据规定的技术要求确保全系统数据、命令、图像及语音信息传输的及时性和准确性。监控系统包括数据采集（主干线和匝道）、中心控制、情报显示、电视监视等系统设备。它主要完成实时采集、记录和显示交通流数据、事故信息、气象信息，并据此判断各路段的交通状况，发布交通控制信息，对全线交通状况进行控制和调度。收费系统包括出、入口检测和收费控制等系统设备。它实现的主要功能是：收费口交通量统计和车辆分型；按标准收取通行费并发放收据；汇总、整理收费的有关数据和交通流数据，并传送到上级计算机和监控中心进行处理，以及根据监控中心发布的命令对出入高速公路的车辆进行控制和调节。电源系统包括交流供电、直流供电、接地系统及路面供电系统等设备。它的主要功能为：按照规定的技术要求，不间断地对机房内部设备和外场终端安全供电。

二是按信息流程划分，它主要由信息采集系统、信息传输系统、信息处理系统及信息提供系统四部分组成。信息采集主要包括路面信息采集、匝道信息采集与收费口信息采集等。信息传输主要是通过信息传输媒介（如光纤、微波、电缆等媒体）传输数据、语音和图像等信息。信息处理主要包括对数据、语音、图像等信息的处理和分析，通过人工或自动决策提出相应的控制命令。信息提供主要是将决策的命令信息通过道路和收费口的可变情报板、可变限速标志及路侧广播等终端设备提供给司乘人员。

第二节　通信系统

一、通信的基本概念

通信是人与人、人与机器间的信息交换。发信者称为信源，收信者称为信宿。在现代通信中，信源和信宿可以是人，也可以是计算机或其他机器设备。人类很早就用吼声、击打声、火光等传递有关信息，自有语言和文字以后，为了交流和沟通就有了通信要求。真正的通信技术始于1840年，在这一年美国的塞缪尔·摩尔斯和艾哈瑞·德维尔发明了电报（莫尔斯电报），它是一种简单的通信媒体。20世纪中晚期发展起来的现代通信逐步形成了信息网络，它是一种现代通信网系统，是集信息服务与计算机技术为一体的现代通信网，也是一种复杂的通信媒体。现代通信技术发展日新月异，在人们的生活和生产中发挥着越来越重要的作用。

(一) 媒体

现代将通信系统看成传送信息的媒体。用"媒体"一词来描述信息传输系统可能更概括一些。国际电信联盟电信标准化部门（ITU-T）将媒体分为以下几类：

①感觉媒体。它是指能够直接作用于人的感觉器官，使人产生直接感觉的媒体。例如，引起听觉反应的语言、音乐、自然界的其他声音，能引起视觉反应的文字、图形、图像和自然景象等，均属于感觉媒体。

②表示媒体。它是指传输感觉媒体的中介媒体。例如，声音、图形、图像的各种编码等均属于表示媒体。

③显示媒体。它是指电信号和感觉媒体之间的转换媒体。例如，计算机键盘、光笔、扫描器、摄像机、话筒等称为输入显示媒体，而计算机显示器、可变情报板、大屏幕投影仪、喇叭、打印机等称为输出显示媒体。

④存储媒体。它是指存储二进制信息的物理载体。例如，磁带、硬盘、光盘（CD、DVD）、半导体存储器等均属于存储媒体。

⑤传输媒体。它是指数据传输系统中在发送器和接收器之间的物理通路。例如，电缆、光缆、大气空间等均属于传输媒体。

通常也可将载送信息的媒体分为：记录媒体和实时媒体。书籍、资料、报纸、书信、电影、录音带、录像带、光盘（CD、DVD）等均是记录媒体，它们都携带有信息，它们提供的是非实时信息；实时通信系统（如对讲、电话通信等）、现场直播电视等均是实时媒体，它们传送的是实时信息。

所谓多媒体信息，既有实时信息如电话、现场直播电视等，也有非实时信息如文字、情报、资料等，现代通信媒体应能传输多媒体信息。

在光纤传输技术高速发展的今天，多媒体通信将成为今后的基本通信方式。多媒体通信技术将通信的分布性、电视的真实性和计算机的交互性融为一体，为人们提供丰富多彩的信息享受。随着多媒体通信技术的广泛应用，这将改变人们的工作、生活和娱乐方式。

（二）传输方式

电磁波传输就是在真空中以光速传播的交变电磁场在通信系统中作为信号的载体，其按电磁波传播的介质不同可分为有线传输和无线传输两种形式。

1. 电磁波的有线传输

将电磁波束缚在波导空间由波导引导的传输方式，称为电磁波的有线传输。这里所指的波导可以是双绞线传输线、同轴电缆传输线和光纤传输线等。现代通信以光纤通信为主体，采用电磁波有线传输。

2. 电磁波的无线传输

电磁波不受波导空间约束的传输方式则为电磁波无线传播，此时的电磁波通常称为无线电波。无线电波传播虽不受波导空间的约束，但却受地球表面及其外围空间的影响。严格地讲，这也是一个"波导"空间，是一个比有线传输的波导空间更广阔、更复杂的波导空间。现代微波通信、移动通信和卫星通信均采用电磁波无线传输。

（三）信号类型

通信的实质并不是直接传递感觉媒体的实际物理量，而是将表达消息的感觉媒体（通常是一些非电物理量）通过显示媒体转换为电物理量（电流、电压）。例如，电话机的送话器（显示媒体）将发话人的声压转换为相应变化的电流，电视摄像机将图像景物的光感转换为相应变化的电压等，都是通信中的转换过程。于是，消息经过转换、调制和编码等处理转换为信号。信号是消息的载体，信号按其本质特征可分为模拟信号和数字信号两类。

1. 模拟信号

消息经转换处理后，所得到的初始电信号是一种模拟信号，它称为连续信号，是随时间连续变化的函数：$s(t)$。传输模拟信号的通信系统被称为模拟通信系统。

2. 数字信号

数字信号在时间上、取值上均是离散的，是离散信号。传输数字信号的通信系统被称为数字通信系统。

(四) 通信方式

对于点与点之间的通信，按消息传送的方向与时间关系可分为单工通信、半双工通信及全双工通信三种。

单工通信是指消息只能单方向传输的工作方式，如遥控、遥测、广播等均属于单工通信。

半双工通信是指通信双方都能收发消息，但不能同时收发的工作方式，如同一载频工作的无线对讲机就是按这种通信方式工作的。

全双工通信是指通信双方可同时进行收发消息的工作方式，如普通电话就是一种最常见的全双工通信方式。除了点与点之间的通信外，还有点与多点、多点与多点之间的通信，多点间的通信属于网络通信。显然，网络通信的基础仍是点与点之间的通信。

二、高速公路通信系统

(一) 高速公路通信系统的网络结构

高速公路通信技术的发展经历了一个从简单的无线对讲系统到800MHz的无线集群系统，从单纯的电话业务到包括语音、数据和图像等多种信息的综合通信，从小容量微波通信到SDH系列数字光纤传输系统的过程。随着我国高速公路建设的飞速发展，作为支持和服务系统的高速公路通信系统，也快速发展并日臻完善。它不仅要实现语音的传输，还要实现监控图像和收费数据的传输；它不仅要保证高速公路管理部门之间的联络，还要保证管理部门与社会各有关部门的通信联系。因此，高速公路通信系统已是高速公路现代化管理必不可少的基础设施。

我国高速公路通信网的层次一般是省级管理，即省高速公路管理局（公司或中心）负责全省高速公路的运营管理，通信机构为通信中心；高速公路管理处负责所辖路段高速公路的运营管理，通信机构为通信分中心；收费站负责站区高速公路的运营管理，一般都设有监控室（通信站），其负责站区内的通信。这三级管理模式形成了相应的三级通信网。

1. 省级网

省级网包括省高速公路管理局与各路段管理处，以及各管理处之间的通信，属于主干线通信。通过该网主要进行省局与各管理处之间的纵向业务，包括电话、数据、图像、报表、电视会议等。其特点是通信业务量大、网络结构复杂、通信距离长，属于长途通信网。

2. 路段网

路段网包括各路段管理处与所属路段内的管理所、收费站、服务区等部门之间的通信，属于区间通信。由于我国高速公路的管理体制基本上是以路段为单位，由各路段管理处具体负责该路段的运营管理、实施收费、交通监控和调度，所以通信业务主要为路段内部通信。其特点是通信业务量大、业务种类多、通信距离中等，属于长途通信网。

3. 站级网

站级网是路段内各通信站与该站服务范围内各类用户之间的通信，属于站内通信。其特点是通信业务量相对较小、实时性强、通信距离短，属于局域网结构。

高速公路各站、所、处的地理位置沿公路呈线状分布，省级网与路段网结合组成了主干线传输系统。

(二) 高速公路通信系统建设的基本要求

①高速公路通信系统是交通专用通信网的重要组成部分，它的建设应该在交通专用通信网的统一规划下进行。全网应采用统一的技术标准，建立统一的网络管理系统，以利于专用通信网的建设、运行、维护和管理。

②为了便于分期实施，建设通信系统时应贯彻信道优于终端设备的原则。设计方案不仅要满足本路段通信业务的需求，而且要考虑各路段通信系统联网的要求。

③根据交通专用通信网自建、自管、自用的原则，应在通信系统建设的同时，建立一支专业化的通信设备维护管理队伍，以保证通信系统的正常运行，并充分发挥其作用。

④当前世界已进入建设信息高速公路的新时代，通信技术发展迅速，更新换代很快。因此，高速公路通信系统的方案设计起点要高，尽量采用高新技术。在经济条件许可的前提下，设备选型时，应优先考虑先进性、可靠性和兼容性，以便于将来的扩容和联网。

(三) 高速公路通信系统的传输对象

①语音：广播、对讲及点对点电话等语音通信。

②数据：有关收费的数据（车号、车型、吨位、行车里程、金额等），有关交通流的数据（车速、车流量等），有关环境的数据（温度、CO 浓度、烟尘等）等。

③图像：有关收费亭、收费车道及收费广场的收费及车辆通行状况，重点道路、大型桥梁及大中型隧道的交通状况，电视会议等。

(四) 高速公路通信系统的设计目标

当前高速公路通信系统发展的趋势是：高速公路通信系统的建设主要以路段通信网和省级通信网两种方式建设为主，对于省际高速公路通信一般采用公共电信网进行通信。

1. 省级通信网的设计目标

①实现省级高速公路管理局与省内高速公路各路段管理处的通信联网，建立交通管理部门内部综合通信专用网。

②根据交通行业管理的要求，专用网应确保语音、数据及图像等各类信息准确、及时地传输，在专用网内部建立电话交换网、数据传输系统和图像传输系统。

③干线通信以数字光纤通信为主、数字微波通信为辅，采用SDH系列设备，构筑数字同步传输网。

④以数字程控交换机为核心，建立数字交换网。这不仅能满足电话业务的要求，而且能实现数据交换、调度指挥、电话会议等各种功能。

⑤方案设计起点要高，积极采用高新技术，统一设计方案，统一技术标准，以便于分期实施和联网，以及扩展和升级。

2. 路段通信网的设计目标

①为本路段公路管理及收费、监控系统提供不间断的通信服务，保证实时的语音、数据、文字和图像通信，并有足够的能力适应综合通信系统的扩展。

②数字程控交换系统具有语音、数据综合通信的能力，并能在今后适应综合业务数字网标准。

③能满足远期扩容及与省级网、电信公用网的联网要求。

④全线配置独立的应急电话系统，构成本路段专用安全电话网。

(五) 高速公路通信系统的基本功能及组成

高速公路通信系统的基本功能是：确保语音、数据及图像等信息准确及时地传输。高速公路通信系统由以下九部分组成：

①主干线传输。作为交通专用通信网的通信主干线，主干线传输不仅要满足省、路段两级网的传输要求，还应考虑省内各地区交通部门的通信需要。

②业务电话。它是通信系统基本的通信业务，包括网内各管理机构的业务电话和个人电话，应能实现专用网用户和公用网用户之间的通话。

③指令电话。它为在高速公路内部进行交通管理和调度指挥服务。指令电话调度台对分机应具有选呼、组呼、全呼等功能，它包括有线指令电话和无线指令电话。

④紧急电话。它是高速公路内部专用的安全报警电话，为高速公路使用者提供

紧急呼救求援的通信手段。

⑤数据传输。它包括收费系统内部的计算机数据通信网络和监控系统内部的计算机数据通信网络。通信系统要统筹为这两个系统提供信号传输通道。

⑥图像传输。它包括 CCTV 交通监视图像及电视会议图像传输，通信系统应为各类图像信息提供传输信道。

⑦广播。它包括路侧道路情报广播及交通信息电台广播。其中路侧道路情报广播由各路段通信系统实施，而交通信息电台广播一般由各省统一组织建台实施。

⑧通信电源。它包括交流供电系统、直流供电系统、柴油发电机系统、不间断供电系统以及通信机房的接地系统。

⑨通信管道。它为穿通信线缆而铺设的高密度聚乙烯管道及高密度聚乙烯硅管。

三、有线对讲和紧急报警系统

(一) 有线对讲系统

在收费站配备内部有线对讲系统，能够为收费站监控室与收费亭之间提供语音通道。内部有线对讲系统由主机、若干分机和通信线路以及电源构成。主机安装在收费站监控室控制台上；分机安装在收费亭内，分机由麦克风、扬声器和一个"呼叫"键及外壳组成。内部对讲系统由主机控制，主机可以 24 小时对每个收费亭实施监听。

内部对讲系统应满足以下功能要求：

①主机向分机呼叫时，必须按下响应"呼叫"键才能进行通话，分机与主机的通话则采用免提方式。

②各分机之间不能通话。

③主机设有一个"全呼"键，以便通过主机向所有分机进行广播。

④分机通过按"通话"键也可向主机呼叫，此时主机上产生声音提示，并由可视信号显示相应的分机号。

当主机与一部分机通话时，若有第二部分机向主机呼叫，则在主机上有可视信号显示第二部分机号，但此时的声音提示将被抑制，直到与第一部分机的通话结束。

内部对讲系统的设计应尽可能地减少交通噪声对语音传输的影响，设计时还要考虑主机的容量、主机与分机之间连接允许的最大距离等。

(二) 紧急报警系统

紧急报警系统由设在收费亭内的报警开关、设在监控室的紧急报警器以及与闭路电视的矩阵切换器相连的报警控制器和信号电缆所组成，报警开关根据具体情况可选用脚踏式或按钮式。当收费员触动报警开关驱动报警时产生报警信号，紧急报警器产生蜂鸣声，同时视频矩阵切换控制器中的报警自动切换器利用报警信号将收费亭内图像切换到监控室指定的监视器及时滞录像机或硬盘录像机，为增强效果，还可利用闪光报警器告警。设计紧急报警系统时，应注意报警开关的设置位置，它既要方便收费员在不被察觉的情况下使用，又要防止正常收费操作时经常误触开关。另外，紧急报警器的蜂鸣声应能使监控室内的人员清楚地听到。

四、程控数字交换系统

（一）程控数字交换机的基本组成

程控数字交换系统是以程控数字交换机为核心的通信网，在技术上实现传输和交换的数字化。程控交换机是指用计算机控制的交换系统，它由硬件和软件两大部分组成。这里所说的基本组成只是它的硬件结构。硬件部分可以分为话路系统和控制系统两个子系统。整个系统的控制软件都存放在控制系统的存储器中。

1. 话路系统

话路系统由交换网络、用户电路、中继器和信号终端等几部分组成。交换网络的作用是为语音信号提供接续通路并完成交换过程。用户电路是交换机与用户线之间的接口电路。中继器是交换网络和中继线之间的接口。信号终端负责发送和接收各种信号，如向用户发送拨号音、接收被叫号码等。

2. 控制系统

控制系统是整个交换机的核心，负责存储各种控制程序、发布各种控制命令。它由扫描器、驱动器、中央处理器、存储器、输入输出系统等几部分构成。控制系统的功能是对呼叫进行处理，对整个交换机的运行进行管理、监测和维护。

程控交换机的软件系统从总体上可分为运行软件和支持软件两大部分。运行软件是指交换系统进行呼叫处理、管理和维护等工作所需的程序和数据，是在线运行的；支持软件是指编译程序、模拟程序和连接编辑程序等，它是在编写和调试程序时为了提高效率而使用的程序，是脱机运行的。

根据功能不同，运行软件又分为操作系统、数据库系统和应用软件系统三个子系统。

操作系统的功能与普通计算机的操作系统类似，它是交换机硬件与应用软件之间的接口，其作用是任务调度、硬件和软件资源的分配、作业流程的组织、交互协调、故障检测和处理等；数据库系统对软件系统中的数据进行集中管理，实现各软件对数据的共享访问，并提供数据保护等功能；应用软件系统是指直接和交换处理及维护有关的程序，其作用是进行呼叫处理、设备维护和运行管理。

(二) 程控交换机的功能

程控交换机能提供多种方便、灵活的服务功能。

1. 自动振铃回叫

自动振铃回叫是指当主叫用户拨完被叫用户号码以后，如果被叫用户正在通话，则主叫用户可以拍叉簧，拨自动回叫的业务号码，然后挂机等待回叫。一旦被叫分机通话完毕且示闲时，交换机便自动振铃先通知主叫，主叫摘机以后，再向被叫振铃，被叫摘机即可互相通话。

2. 缩位拨号

这项功能使得用户可以对使用频繁的电话号码用缩位码来代替，采用缩位码后使得用户便于记忆，并且节约拨号时间和减少错误。

3. 热线服务

有些电话使用频繁如领导或调度的专线电话，最好不需拨号就能接通，这就是热线服务。用户事先可拨业务号登记某一被叫用户为热线服务用户，这样只要该用户摘机就可以自动接至所登记的被叫用户，且不需要拨号。

4. 呼叫转移

呼叫转移也叫电话跟我走。当用户外出时，可登记呼叫转移，即将凡是呼叫本话机的电话全都转至另一指定电话上。

5. 呼出限制

使用这项功能等于为电话加装一把密码锁，可根据需要限制对外拨打市话或长途电话，以便有效地防止电话被人盗打，从而节省通话费用，避免不必要的话费纠纷。

6. 呼叫等待

呼叫等待是一种提高呼叫接通率、避免重复呼叫的方法。当具有呼叫等待功能的用户 A 正与用户 B 通话时，又有用户 C 呼入。由于呼叫等待功能，用户 C 可以听回铃音，而用户 A 则听到等待音，表示有新的呼叫打入。这时，他可以拍叉簧暂时中断与用户 B 通话，而先与用户 C 通话。通话完毕后再拍叉簧又可以恢复与用户 B 的通话，与两方的通话是互相隔离且听不到的。

7. 三方通话

当具有此功能的用户和一方在通话时，可以根据需要拨叫第三方加入通话，这时三方可以共同通话，也可分别进行两方通话。

8. 免打扰

有些用户有时需要集中精力工作或者安静休息，不希望有电话打扰，此时可使用免打扰功能，以便得到一个安静的环境。

9. 闹钟叫醒

有些用户常由于事忙而忘记事先约会，或睡过头耽误要办的事情。如果开通闹钟叫醒功能，就不必担心上述问题了。交换机按用户的设置，在指定时间自动振铃，提醒用户。

五、紧急电话系统

(一) 紧急电话概况

紧急电话系统为行驶中的车辆客户提供呼救求援电话，使管理部门能够及时处理各种紧急情况。为了安全可靠，它独立于其他通信系统。紧急电话有无线和有线两大类型，我国普遍采用有线紧急电话系统。

高速公路紧急电话系统由安装在公路两侧的紧急电话亭（分机）和在高速公路管理部门配置的紧急电话中心控制台（总机）及信号传输系统组成。它是一种专用电话系统，不进入公用电话网。实践表明，紧急电话系统是高速公路发生意外后，及时获得信息并立即启动应急救援，保证高速公路安全、畅通的应急措施。

1. 紧急电话系统功能的要求

高速公路紧急电话系统的主要作用是为高速公路的使用者提供救助，该系统应使用户能及时与高速公路管理部门取得联系，而管理部门则要立即确定呼叫者所在的位置，以便迅速处理。因此，该系统应具有以下功能：

①控制台对全线所有电话亭全部开放，无一闭塞。

②免提呼叫，以便于路上遇到困难的司乘人员或受伤人员的呼救。

③用户在电话亭紧急呼叫，控制台可立即和电话亭建立线路连接并确定其位置。

④控制台具有记录、存储呼叫信息和通话内容的功能，可直接联络交通部门等救援单位。

⑤系统具有远端自动测试能力，能及时上传电话等设备的运行状态。

⑥系统可靠性高，平均无故障时间保持在 80 000~100 000h（蓄电池除外）。

⑦有条件的公路应设立隔音屏，以隔离车辆行驶噪声对通话的影响。

2. 线路网络组织

根据功能要求，线路网络组织以控制台为中心，采用连接器建立以若干条支线为主干的星形网，每一支线可连接上百部电话，以半双工方式工作。支线普遍采用星绞四芯铜缆，以减轻串音。四芯铜缆由两对具有相同纹距的对绞线组成，一对用于控制台至话亭，另一对用于话亭至控制台。电缆一般铺设在预埋于路面下的通信管道内。现在也常直接用光缆作为传输介质，这样信号质量会更好一些。

3. 系统构成

紧急电话系统由控制台、传输线路（传输介质）和电话分机三部分组成。

(二) 紧急电话亭

紧急电话亭分主、副电话亭，按1对/千米、最大间距300m，分别布设在高速公路两侧的路肩上，通常相对或错开成对出现，每个电话亭都按它在公路上的位置编号。

1. 紧急电话亭的功能

①接受客户的呼叫，与控制台话务员进行通话。
②接收和管理控制台的呼叫，响应控制台启动的测试。
③测试和远程控制功能的呼叫管理。
④向控制台呼叫时，对信号碰撞现象的安全保证。
⑤亭前40cm处测得的额定声能级为90dB。
⑥安装事故报警闪光灯或粘贴反光膜，以利于夜间辨识。

2. 紧急电话亭的主要结构

紧急电话主亭的结构包括：①上装配门；②扬声器；②按键；④话筒；⑤蓄电池；⑥下装配门；⑦亭基；⑧接线盒；⑨连接线；⑩集成电路模块。

副电话亭与主电话亭的区别是没有集成电路模块，其话筒、扬声器和按键功能都由主电话亭电路板并接线路控制。

3. 紧急电话亭的电源方式

①由紧急电话控制台进行直流电远距离供电。
②分机配备蓄电池，平时由控制台进行直流电压浮充，分机工作时由蓄电池供电。
③各分机配备太阳能蓄电池独立供电。
④各分机配备蓄电池独立供电，定期更换充电。

(三) 紧急电话系统控制台

紧急电话系统控制台设置在公路监控（分）中心的监控室内，与其他监测（视）设备配合，有利于迅速、准确地判别交通事件发生的地点、时间、严重程度和客户求援的内容。控制台可以像电话亭一样并联到任意一个连接器，与之相连的计算机通过它对整个系统进行控制。

1. 控制台的基本功能

①识别、定位和显示电话亭呼叫；建立控制台和电话亭的接续，并进行通话。
②对系统进行人工和自动测试；储存和显示同时发生的呼叫。

③呼叫保持，即中断与该电话亭的接续，存储和在屏幕上显示该电话亭号。
④呼叫恢复，即与保持中的电话亭再建立接续。

2. 控制台的设备配置

控制台包括一台工控 PC 机及相应的外设，各支线连接器与主机（主连接器）连接，主机通过 RS232C 与计算机连接并管理其他连接器。主机旁有两部电话，一部与路侧电话亭通话，并接录音机，以录存客户与值班员的通话；另一部通电话网。计算机显示器用以显示有关信息和测试结果；键盘和鼠标用于处理呼叫和输入运行命令；高速并行打印机用于打印测试结果和运行报告；计算机的串行输出为大型动态显示屏幕提供数据；带有串行接口的打印机可设在远端，经调制解调器打印记录和测试结果；音响输出可将值班员与客户的通话送至远端；数据输出供有关部门复制数据库。

控制台要定期对整个系统进行测试，以保持系统任何时候都可正常运行。

六、光纤数字通信系统

(一) 光纤通信

光纤通信是以光导纤维为媒体传输光脉冲信号的通信方式。近年来，我国光纤通信突飞猛进，已建成主要大城市的光缆互联通信网。高速公路通信目前也普遍采用光纤数字通信系统，将语音、数据、图像等信号送入光纤作专线传输，并对整个通信网络进行管理，以取得良好通信效果。

1. 光纤通信的特点

光纤通信的特点为：信号载体是波长为 $0.8 \sim 1.61 \mu m$ 的单色近红外光；信号传输介质是以石英为原料的光导细纤维；通信质量由产生光波的光源和传输光波的光导纤维决定。

目前，光源有半导体激光器和发光二极管两种，它们都能产生稳定和方向性极好的红外光。红外光由于损耗低，可以搭载大量信息而成为优秀的信号传输媒介。

光纤是一种直径为微米级的细石英丝的介质光波导体，具有将光封闭在其中并沿轴向传播的导波结构。光纤通信能高速发展与它的下述特点有关：

①容量大、频带宽、传输速率高。

②损耗低，目前 100 千米长的光缆线路无须设中继站，超大规模集成电路使光电合成设备出现，大大减小设备能耗和设备体积，系统成本大幅度降低。

③可靠性高，平均误码率低于 10^{-9}（光缆长度小于 480 千米），可用多芯光纤组成自愈环状网，当网络出现故障时，信号被自动切换到备用光缆。

④抗干扰性强，光纤传输对外界无干扰，也不受外界干扰，保密性很好。

2. 光纤数字通信系统的基本组成

严格讲，目前的光纤通信是光电通信。它将信源信息先转换成电信号，再将电信号变换为光脉冲输入光纤，以极高的速度传送至接收端进行光/电逆变换，最后将电信号转换为信宿可以理解的信息。系统的主要组成设备如下：

①DTE：数据终端设备，如计算机、电话、摄像机、监视器和传真机等。

②电发射端机：将DTE发来的各种信号（语音、图像等）转换成二进制电脉冲。

③输入接口：变换输入码型，以保证传输平衡码流。

④光发射端机：将电信号转换为光信号，即E/O变换。

⑤光接收端机：将光信号转换为电信号，即O/E变换。

⑥输出接口：码型变换；R、S为光通道接口参考点。

⑦接收端机：将数字信号还原为DTE可以理解的信息。

⑧光中继器：当光信号幅度衰减和波形失真时，可恢复信号原有的脉冲形状。

⑨光缆线路：由多条光纤组成的传输线路。

⑩网管及辅助设备：对通信网的运行性能、配置、故障和安全进行管理，保证电源供给等。

(二) 光纤导光原理

光束射到两种不同媒介的界面上会发生折射和反射，其规律可用菲涅公式表示：

$$n_1\sin\theta_1 = n_2\sin\theta_2$$

式中：θ_1、θ_2为入射角和折射角；n_1、n_2为纤芯和包层两种介质的折射率。

(三) 光纤和光缆

1. 光纤

光纤的全称为光导纤维，它由纤芯、包层和保护层组成。纤芯为纤细的实心玻璃丝，直径为5~50μm，以熔融石英为基质材料，掺杂少量硼、磷、锗，以提高其折射率，并使损耗降至最低。包层材料为纯石英，包裹在纤芯外层，形成同心棒形式，其折射率略低于纤芯。保护层有两个涂覆层，包层外的一次涂覆层很薄，材料通常为硅树脂，附着在包层外表面以隔绝空气中的水分和其他有害物质。在此层外面再涂覆一层尼龙类塑料，进一步增加光纤强度，以便进行成缆或其他施工操作。

光纤按传输光的模数来分可分为单模光纤和多模光纤。模数是光波模式的数量，模式是电磁波的一种分布形式。单模光纤是只传一种模式（主模）的光纤，没有模式色散，其带宽和容量很大，适用于大容量长距离的光纤通信。能传输多种模式光波的光纤称多模光纤，多模光纤又可分为多模均匀性光纤和多模非均匀性光纤，一般应用较多的是多模非均匀性光纤，其带宽、容量等性能比多模均匀性的要好。单模光纤的性能比多模光纤要好，目前光纤通信主要使用单模光纤。

2. 光缆

光缆是由一根或多根光纤制成的符合光学、机械强度等要求，并能在各种环境条件下使用的光纤缆线。

(1) 光缆的结构

光缆由缆芯、加强元件和护层组成。缆芯常由多根经二次涂覆处理后的光纤组成。加强元件由钢丝、合成纤维、增强塑料制成，顺轴向布置在缆芯中心或四周。护层要求耐压、防潮、防燃和防腐等，常用聚乙烯作内层，外层为铝带或塑料。

(2) 光缆的种类

光缆的种类很多，根据结构、性能、材料、工艺、铺设方式、用途等，可有不同的分类。以下介绍几种分类方法：

①在一般通信网中，光缆可分为市话光缆、长途光缆、海底光缆、用户光缆。若根据网络的类型，则光缆还可分为有线电视网络光缆、计算机网络光缆、综合数字业务网络光缆等。

②按光纤的种类可分为单模光缆、多模光缆；按光纤结构组成还可分为紧套光缆、束管光缆、带状光缆、多芯单元光缆等。

③按芯线数可分为单芯光缆、双芯光缆、四芯光缆、八芯光缆、十二芯光缆、二十四芯光缆、四十八芯光缆。

④按加强配置的方法可将光缆分为中心加强构件光缆、分散加强构件光缆、护层加强构件光缆等。

⑤按铺设方式可将光缆分为管道式光缆、直埋式光缆、架空光缆、水底光缆等。

⑥按传导介质状况可将光缆分为无金属光缆、普通光缆、综合光缆等。

目前通信用光缆主要有室外光缆、室内光缆、设备用光缆、海底光缆、特种光缆等。

(四) 光纤通信的主要硬件构成

光纤通信传输系统是由光传输设备（光发射机、光接收机、光中继器）、光路无源器件（光纤连接器、光定向耦合器、光衰减器与光隔离器等）以及远供电源、光纤（缆）所组成的。

1. 光传输设备

①光发射机。在光纤通信系统中，光发射机的作用是把从电端机送来的电信号转变成光信号，送入光纤线路进行传输。光发射机的关键器件是光源。

②光接收机。光在传输过程中幅度衰减，波形被展宽变形，光接收机的任务是接收这些微弱信号，放大并转换为电脉冲信号。光接收机的关键器件是光电二极管。

③光中继器。光脉冲信号在传输过程中受光纤损耗和色散的影响，信号幅度衰减，波形扩展失真，从而限制了传输距离。因此，需要在传输一定距离后，加设一个光中继器，以放大衰减的信号，恢复失真波形，再生光脉冲。

光中继器先做光/电转换，再做电信号均衡放大、时钟提取和判决再生，最后做电/光转换。因此，光中继器是指在光接收机和光发射机中间插入的一个电信号中继器。

2. 光路无源器件

①光纤连接器。光纤连接器又称光纤活动连接器，俗称活动接头。它用于设备（如光端机、光测试仪表等）与光纤之间的连接、光纤与光纤之间的连接，或光纤与其他无源器件的连接。它是组成光纤通信系统和测量系统不可缺少的一种光路无源器件。

②光定向耦合器。在光纤通信系统或光纤测试中，经常遇到需要从光纤的主传输信道中取出一部分光作为监测、控制等，有时需要把两个不同方向来的光信号合起来送入一根光纤中传输，这些工作都需要光定向耦合器来完成。

③光衰减器。当输入光功率超过某一范围时，为了使光接收器不产生失真，或为了满足光线路中某种测试的需要，就必须对输入光信号进行一定程度的衰减。

④光隔离器。光隔离器是保证光纤单向传输，避免因线路、器件等因素而产生的反射光再次进入激光器或其他设备的器件。

3. 远供电源

远供电源是为光中继设备特别是为远离市电的光中继设备提供专门服务的。

七、集群移动通信系统

移动通信指移动体与固定体或另一移动体之间的信息交换，它必须采用无线方式。在高速公路的运营管理中，无论是养护管理、路政管理，还是交通管理，都可使用移动通信。

我国划定的移动通信频率为29.7~4 999MHz，分为15个频段。小于100MHz频段的特点是传播损耗小，地形地物影响小，但噪声电平较高，适合在通信距离稍远（50~80千米）、环境噪声不大的情况下使用。高频段（1 000MHz左右）传播损耗大，但环境噪声小，电波穿透能力强，适合城市近距离使用。若信道间隔相同，则高频段可划分的信道数多。我国的集群通信使用的频率在800MHz频段，是指在806~821MHz和851~866MHz频段上，共有600个信道，信道间隔为25kHz。

在我国已建成的高速公路上，已建立了一些专用移动通信系统。但无论是简单的单信道系统以及改进的选呼系统，还是后来发展的多信道自动拨号系统，都属于传统的专用移动通信系统。其特点是信道"专有"，即用户在通话过程中，双方使用的频率是固定的。因此，用户一旦选择了某一信道，那么他只能在这一信道上工作，直到通信结束。如果这一信道被占用，且无法选择其他空闲信道，就会出现阻塞。所以，其最大的缺点是：频率利用率低，有些信道出现阻塞从而降低通信质量。无线电频率是宝贵的财富，要充分利用有限的频率资源。因此，交通运输部有关文件明确规定以 800MHz 集群系统作为交通专用移动通信网的主要通信方式之一。下面主要介绍集群移动通信系统。

（一）集群的概念

集群是专用业务移动通信系统高层次发展的形式，是针对传统的专用移动通信系统的缺点而产生的。集群的含义是具有的全部可用信道可为系统全体用户服务，具有自动选择信道的功能。它是共享资源、分担费用、共享信道设备和改善服务的多用途、高效能的无线调度系统。具体地说，它是指有限通信信道在中心控制台的控制下，自动地、动态地、最优地指配给系统内全部用户使用。其中的关键是中心控制台按动态信道支配的方式将系统内信道分配给要通话的用户通信。集群通信系统是多个用户用一组无线信道，并动态地使用这些信道的专用移动通信系统，它主要用于专网的指挥调度通信。

（二）移动通信的工作方式

根据通信状态和频率使用方法，移动通信可分为单频单工、半双工和双工三种制式。

1. 单频单工制

单频指通信双方采用同一频率。单工指通信双方操作均采用"按—讲"方式。平时，双方接收机都处于守听状态。如 A 台需要发信，按下发射键，接收机关闭，发射机通电以频率 F 发出载有信息的电磁波；处于接收状态的 B 台则接收信息。A 台发完信号，松开发射键，回至守听状态。如 B 台要发信，也按同样步骤操作。此制式的优点是设备简单、轻巧，收发信机相互影响小，造价低，组网也方便。其缺点是按键通信，操作不方便，易造成通话的人为断续；邻近频道工作时，易产生较强干扰；难于进入公用通信网。

2. 半双工制

通信双方有一方（基地台）采用收、发信机同时工作的双工方式，而另一方（移动台）则采用按键通信的双频单工方式。两方的收与发分别使用两个不同的频率 F1

和 F2，频率间隔不小于 4MHz 且不大于 10MHz。其优点是受邻近台的干扰较小；其缺点是仍需采用"按一讲"方式，移动台之间无法直接通信。

3. 双工制

通信使用两种频率，发射与接收机同时工作，通信双方像会话式那样交换信息，无须按键通信。其优点是使用方便，通话自如，双工频率间隔为 45MHz，相互不易干扰，易于接入公用通信网。其缺点是设备复杂，投资较大，有较严重的互调干扰。

(三) 集群移动通信的设备组成

①移动台。它包括车载台、便携式台和手持台，由收发信机、控制单元、天馈线（或双工器）和电源组成。

②调度台。它分为有线和无线调度台两种。无线调度台由收发信机、控制单元、天馈线（或双工器）、电源和操作台组成。有线调度台除操作台外，还包括与控制中心的接口设备。

③基站。它由若干转发器、天馈线系统和电源等设备组成。天馈线系统包括接收天线、发射天线、馈线和天线共用器。

④控制中心。它包括系统控制器、系统管理终端和电源等设备。它由无线接口电路、交换矩阵、集群控制逻辑电路、有线接口电路、监控系统、电源和微机组成。

⑤区域控制中心。区域控制中心的设备主要是多区控制器。

(四) 集群移动通信的频率配置

我国规定 800MHz 集群系统的上行工作频段为 806~821MHz（移动台发、基站收），下行工作频段为 851~866MHz（基站发、移动台收）。相邻频道间隔为 25kHz，双工收发间隔为 45MHz。

集群移动通信方式在交通运输调度系统中有应用，目前在高速公路通信中很少采用。

八、交通广播及路侧通信广播

在交通量很大或当能见度较差时，瞬间通过路旁或架空的标志传送给驾驶员的信息量受到了极大的限制。此时，可通过路侧广播使驾驶员获得道路信息。

利用汽车收音机提供信息是最直观的方式，它比视觉更方便，且不必分散精力去注意路边的标志或情报板。因此，不少国家的国营或私营广播电台都有专设的交通信息中心广播节目时间，用中波或调频（FM）定时播送高速公路及附近一般公路的交通情况。为了及时准确地广播，高速公路管理中心的中央控制室都附设有交通信息中心播音室，在交通节目时间里，所有广播电台都播送交通信息中心发出的同一内容。

但是，交通广播节目有它的局限性，不能完全满足高速公路的需要，原因如下：

一是只能在固定的时间里向大范围广播相同的内容，所以它不能随时提供重要信息，而重要信息的时间性是很重要的。

二是缺乏针对性，大部分驾驶员将不得不收听与他毫不相干的内容。

为了解决这一矛盾，一些国家已开始采用路侧通信广播系统。它首先设在城市高速公路及城间高速公路的大城市近郊、互通式立交桥、冬天气候恶劣的地段。

路侧通信系统是利用设在路肩或中央分隔带上的感应天线进行广播，不用播音员，广播内容是中央控制室根据收集到的信息由计算机编辑加工并经过声音合成后发出的。由于它可以通过路段所设置的发射天线，对不同的路段、不同的车流方向播送不同的内容，播送的信息量大，内容随时间地点而变，有针对性和很大的自由度，因此，它是对可变情报板的重要补充。此方式在欧洲一些国家已有应用，我国高速公路很少使用。

路侧通信系统大致由以下几部分组成：

①信息处理及编辑装置。将信息收集系统得到的交通信息不断编辑加工，按照优先程度选择应该提供的信息内容。

②声音合成装置。中央控制室或终端利用大容量的语音存储器实时地将所选择的信息转换成声音。

③监测装置。它主要监测合成的声音，必要时可以由播音员直接播音。

④路侧广播装置。它由天线与发送部分组成，将中央装置的模拟语音信号变成高频振幅调制信号从天线发射出去，供司乘人员通过汽车收音机收听。

⑤指示标志牌。它的作用是在提供路侧通信的路段起终点前预告广播的频率。

第三节　监控系统

一、高速公路监控系统

(一) 监控的目的

高速公路监控系统，就其功能而言，主要是高速公路交通监视和控制系统，从广义来讲，也称为高速公路交通管理系统。

高速公路在规划设计过程中就把车辆高速、安全、舒适行驶作为规划、设计的出发点。高速公路的主体工程和交通安全等静态设施对稳态交通流提供了高速、安全、舒适的基本保障。但是，高速公路的交通状况和道路环境状况不是一成不变的，在很大程度上呈现出随机性。这种随机性主要表现在以下三个方面：

第一，交通流本身具有随机性。交通量、速度、密度等每一天在不同的路段是变化的，车辆的驾驶行为如加减速、转移车道等也呈现更大的随机性。

第二，交通干扰的随机性。交通事故、车辆抛锚、物品散落、道路维修工程等都对高速公路交通流产生严重的干扰，这些事件发生的时间、地点是随机的。

第三，道路环境的变化如白天、黑夜、进出隧道、恶劣天气等，都对驾驶行为造成影响。

诸如此类问题都是高速公路主体工程和交通安全设施难以考虑周全的。高速公路监控系统正是针对这些变化而设置的，其目的是进一步确保高速公路高速、安全和舒适。

高速公路管理与普通公路管理有本质的区别。高速公路在管理上要求更高、更严格，约束条件也更多。这些靠人工是无法完成的，必须借助现代化的计算机网络、监控、通信、自动控制等技术手段辅助管理，才能确保行车"安全"和道路"畅通"目标的实现。

交通监控就是对高速公路交通流运行状态及其交通设施和交通环境的监测（视）与对交通流行为的控制。由现场监控站和各级监控中心组成监控系统是实现高速公路运行管理的主要手段。

(二) 监控的对象

①交通流情况。如交通量、车辆速度、车流密度、车辆占有率、车重等。交通流信息的采集主要通过各种类型的车辆检测器。

②气象情况。如风力、风向、降雨、降雪、冰冻、雾区等。这些信息的检测主要靠气象检测器。

③道路环境情况。如路面情况、隧道内的噪声、能见度、有害气体浓度等。这些情况靠环境检测器检测收集。

④收费情况。如收费员文明服务、执行纪律、服务质量等情况。收费亭、收费车道、收费广场秩序、收费过程等情况完全置于监控状态下，主要靠收费闭路电视监视系统（CCTV）收集信息。

⑤异常事件情况。如交通事故、车辆抛锚、物品散落、道路设施损坏、道路施工现场等。这些信息主要靠紧急电话、闭路电视、巡逻车等设备和装备进行收集，也可以通过交通流信息进行辅助分析判断交通运行状态。

(三) 监控的目标

1. 最大行车安全

从总体上讲，高速公路的安全性优于普通公路。但是，高速公路交通量大，车速高，一旦出现交通事故，车辆的排队长度、堵塞时间、车辆损坏和人员伤亡程度都比普通公路严重。大雾天气造成的偶然驾驶差错可能使很多车辆追尾。因此，对高速公路的行车安全应有更高的要求，监控系统将行车安全作为主要工作目标之一。

事故原因主要来自车辆和交通环境两个方面：车辆不安全因素为驾驶员操作差错、酒后开车和车辆故障失控等；人们将天气恶劣、道路失修和交通事件（各种意外原因使车辆被暂时堵塞）归纳为交通环境干扰产生的不安全诱因。确定各种环境诱因、掌握它们诱发交通事故的机制、监测其状态值、做出预报或预警、采取相应对策是监控工作的任务。

高速公路交通事件出现频繁，并且事件一旦出现，随之而来的是偶发性交通拥挤，而且容易诱发交通事故。由于高速公路偶发性事件产生的地点、时间具有不确定性，因此，监测交通事件的出现成为安全监控的重点，大型桥梁、大中型隧道等关键交通设施尤其需要重点监控。

2. 道路畅通

道路畅通是指没有堵塞现象，车辆能持续以理想车速运行的状态，这是公路运输最基本、最重要的条件。实际运行环境存在各种各样影响道路畅通的干扰因素，交通监控的目的就是通过对交通流状态的监视来预防事故，减轻拥挤程度，排除堵塞，恢复道路通畅。

监控的主要对象是交通流。畅通和拥挤是交通流的两种对立运行状态，畅通受到干扰就会转变为拥挤。维持道路畅通就要检测交通流的状态、干扰和变化趋势，并对上述信息进行分析，提出减轻或消除拥挤的控制措施，并迅速执行。这里有两个问题：一是能否及时得到所需信息，即监控对象和干扰的可测性；二是控制措施能否实施，即对象的可控性。

最常见的道路堵塞现象为常发性拥挤。产生常发性拥挤的基本原因是道路通行能力和交通流量（交通供求双方）不平衡，外界干扰只起激发作用。及时测定拥挤路段、时刻、性质和程度就可对交通流量进行调节和控制，以维持道路畅通。整个监控过程要求在尽可能短的时间内完成，若时滞过长，阻塞车辆增多，排除拥挤就很困难。因此，应由具有快速响应能力的电子器件按自动控制原理组成监控系统，以实现迅速消除拥挤的控制作用。但是，驾驶员的时滞性和不确定性使整个控制过程显得薄弱，成为交通控制的一大难点。

3. 交通设施状态完好

任何公路交通设施失效都将使公路运输系统丧失部分功能，影响公路正常运行。设备失效大都有一个从量变到质变的过程，即存在征兆，采用针对性强的检测器可以探测出来。监控系统应该通过各种检测设备轮回采集主要设施的工作状态，并做出评价，当故障发生时，系统能快速做出诊断，并提供相应的处理方法。

机电工程投资通常占公路总投资的10%~15%，但它可提高道路通行能力。机电设备应具有自诊功能，在系统建设时，应明确提出主要机电设备的保护和自检要求，使各个子系统能保持良好的工作状态。

4. 其他优化目标

为了向用户提供优质服务，使高速公路获取更大的社会和经济效益，对监控提出若干优化目标，如用户总旅行时间最少、车辆行驶距离最大、油耗量小和对环境的污染最小等。人们正在对这些监控方案进行理论研究和系统试验，相信在不久的将来便能投入使用。

综上所述，监控系统的任务是：减少高速公路常发性、偶发性拥挤的影响，获得最大运行安全，提供必要信息和最优质服务，帮助使用者有效利用高速公路的设施，减小劳动强度，为车辆提供援助，减小交通事故对环境和人类的危害。

(四) 监控系统的基本功能和要求

监控系统是保证行车"安全"和道路"畅通"、实现高速公路运行管理的重要手段。通过该系统可迅速掌握交通流和交通环境等多方面信息，科学地管理交通运行；全面制订交通控制方案并评价其效果，预防常发性拥挤的发生，及时制止和纠正交通违章行为；迅速探测出交通事故，对交通事故进行有效排除和救援；定时提出交通运行报表等。近年来随着公路交通管理任务的扩大，监控系统的功能也不断增加。如通过监测获取道路冬季使用状态和特大结构应力应变数据，以制订冬季道路养护计划和对大桥实施按需维修等。一般来说，监控系统一般应具有以下基本功能：

①准确及时采集交通流、交通环境和主要交通设施的各种状态信息。

②根据已掌握的信息，迅速做出有针对性的处理和优化控制方案，并立即执行。

③建立多种信息发布渠道，为用户提供信息服务，通过驾驶员调整驾驶行为，达到交通流的动态平衡。

④进行专项监控，如用视频系统监视某大桥的车流通过情况、探测和确认交通事件及冬季路面使用状态等。

⑤对交通事故能做出快速响应，迅速排除事故对交通的影响和提供救援服务。

⑥建立道路交通数据库，用以支持道路运行状态评价，为改善道路经营和交通管理的决策提供数据。

二、高速公路监控系统的组成

监控系统是利用电子技术和电子计算机系统，以高速公路通信网和电信通信网为传输媒介，从事高速公路交通管理业务，对道路安全、交通状况等进行实时监视和控制，从而达到安全、高速、舒适、方便的目的。

为实现高速公路监控系统的功能，监控系统一般由信息采集系统、信息处理系统、信息显示系统和信息传输系统组成。信息传输系统所涉及的技术和方式与通信系统的相同，特别是中长距离的传输就是由通信系统完成的。

（一）信息采集系统

本系统实时采集路面、匝道口和收费口的交通参数及其他参数，通过信息传输系统实时传输数据和视频图像信息，汇总后报送监控中心。

以下介绍的信息采集设备主要是一些传感器，其功能是将被检测的非电物理量转换为电物理量，由传输系统将信号传给计算机进行处理和输出。

1. 车辆检测器

车辆检测器主要用于测量主干线上和匝道区行驶车辆的交通参数，如交通量、平均速度、占有率、车头距等，作为控制中心分析、判断、提出控制方案的主要依据。

①环形线圈检测器。环形线圈检测器是目前使用最为广泛的车辆检测装置。这种检测器通过流过线圈的电流产生磁场，车辆通过时金属部件干扰磁场，由检测器的电子装置进行检测。根据数组环形线圈检测器的输出信号就可以确定车道占有率、速度和交通量。

②磁性检测器。磁性检测器也是在检测磁场变化的基础上进行工作的。将具有高导磁率磁芯的线圈埋在路面下，当车辆靠近或通过线圈时，穿过线圈的磁场立即发生变化，这样即可检测到车辆信息。

③雷达检测器。雷达检测器按照多普勒效应原理工作，它由检测器部件在路面上向下发射一微波束，车辆通过这些波束时，引起波束反射回发送部件（天线）。利用车辆进入和离开检测区域时产生的两个短脉冲，即可换算成所需的交通参数。

④超声波检测器。超声波检测器的工作原理与雷达检测器一样，两者都发射能量束到一个区域，并接收由车辆反射回来的能量束。超声波检测器可通过换能器记录下车辆存在或通过的信号。

⑤发光检测器。发光检测器利用光电管或红外线来接收中断光束或反射光束。发光检测器由位于道路一侧的发光器和位于道路另一侧的光电管组成。车辆通过时,即中断光束并传动继电器,记录下检测到的车辆。

⑥红外检测器。红外检测器使用红外光源,其工作原理与光电检测器的相同。反射式红外检测器使用发射接收器,用来发射光束并接收反射光束,通过记录的路面和车顶反射率的变化对车辆进行检测。

⑦视频车辆检测器。视频车辆检测器是运用视频图像处理和计算机图形识别技术于近年开发出来的新产品,它可以取代环形线圈,进行高效益的广域视频监视并现场实时采集各种交通参数。

在需要重点监测的路段安装一台或多台(如4台)数字式摄像机,将一定范围的交通图像经过一个图像处理硬件输入计算机显示器;通过互动控制软件,用鼠标操作,在屏幕交通图像上设定和叠加检测区,其尺寸、数量可随时调校。操作设定一旦建立,车辆经过检测区时就会产生检测信号,经过分析和处理(软件)可得到交通量、平均车速、占有率、车头间距和排队长度等各种参数。

⑧磁映像检测器。磁映像检测器利用车辆对通过的地磁场的影响来检测车辆交通参数。它利用低功耗、高灵敏度的强导磁材料将地磁磁感线集中约束在比较小的空间,当车辆停驻、慢速接近或通过时,被约束的磁感线发生变形,产生原始信号,经转换、处理后形成一个电压随时间变化的曲线。各种车辆车体的铁金属材料分布不同,对地磁感线产生的变形影响也不一样,所得出的电压与时间曲线形状也各不相同,各具特色,这一现象可以用来区分大货车和小客车、检测车身长度,也为识别车型提供了基础。

2. 气象检测器

气象检测项目有风速、风向、气温、相对湿度、能见度等。道路环境检测项目有路面温度、路面相对湿度、路面积雪深度、路面冰冻程度等。气象检测器用来观测气温、浓雾、风向、风力、雨量、路面积雪及冰冻状态等,其中最重要的是雾和冻结。

①温度检测器。铂具有良好的化学稳定性,铂电阻温度传感器也具有很好的稳定性。大气温度检测常采用薄膜工艺制作的铂电阻,路面温度检测常用绕线工艺制作的铂电阻。铂电阻温度传感器的电阻值与温度有一定的关系,当温度变化时,引起铂电阻值的变化,导致通过铂电阻的电流变化,用这一变化关系可以测出路面温度。

②湿度检测器。湿度传感器常用聚合物湿敏电容,它是由两块下电极、湿敏材料和上电极组成两个电容的串联电路置于玻璃底衬上形成的。湿敏材料为高分子聚合物,其介电常数随环境的相对湿度而变化,因此电路电容是相对湿度的函数。传

感器的变换电路将电容变化转换成电压变化，从而反映出相对湿度的变化。此检测器结构简单，稳定性较好。

③风速、风向检测器。风速检测器的传感元件为安装在轴承上的三个风杯。风杯由碳纤维增强塑料制成，质量轻、强度高，具有优良的动态和抗腐蚀性能。风杯转速由固定在转轴上的磁棒盘及霍尔电路测出并转换成频率，输出信号频率与风速成正比。

风向检测器的感应元件是风标，其尾板由轻巧、坚韧的碳纤维增强塑料板制成，以改善动态性能。风标方向用固定在转轴上的导电塑料电位器测量，电位器电阻和转角具有良好的线性关系，改变电阻可以将风向转换成所期望的电压信号值输出。

④雨量检测器。雨量检测器常采用双翻斗式雨量传感器，每次降水达到 0.1mm，计数翻斗翻转一次；翻斗上固定一块永久磁铁，磁铁翻转使磁铁附近的干簧继电器闭合，闭合次数由计数电路测量并转换成降水量信号输出。双翻斗结构具有高分辨率和较均匀的灵敏度。

3. 能见度检测器

能见度的定义为：正常人视力能将目标物从背景中区分出来的最大水平距离（米或千米）。

光线通过空气，特别是当空气中含有一定浓度的悬浮颗粒物和气溶胶时（如水蒸气和烟雾），部分光线被这些颗粒物所吸收和散射（折射和漫反射），使穿透空气到达目的物的光通量大为减少。人们为此提出透射率的概念，其定义为：光线穿透某透明体时，入射前的光通和通过透明体后的光通之比。

为了检测能见度，人们研制出了透射和散射型能见度检测仪。前者将光发射器和接收器分别安装在两地，按上面所讲的原理检测出透射前后的光通量，从而得出能见度。后者考虑空气消光主要是由于散射，通过测量空气的散射衰减系数来确定能见度。

4. 环境检测器

大量车辆沿公路高速行驶，对公路附近地区的生态、大气和声环境产生污染。其中，对人的生存和人民生活影响较大的是大气污染和噪声。

环境污染检测项目有一氧化碳、氮氧化物、总烃、总悬浮颗粒物等。目前，公路管理部门经常检测的大气质量项目是一氧化碳，其他项目均为抽检。长隧道的一氧化碳和烟雾属必检项目。

一氧化碳浓度检测常采用非扩散型红外检测器，它的工作原理是大多数非对称分子对红外波段中的一定波长的光具有吸收能力（如 CO 气体能吸收的红外波长为 $4.7\mu m$）勿压其吸收程度与被测气体的浓度有关。

(二) 信息处理系统

信息处理系统能根据采集和监测到的各种数据、信息,通过分析、处理、判断,提出交通控制方案,并通过相应的设备对有关区段内的交通运行情况做出相应的管理与调度。

信息处理系统的设备主要由前置机、中心处理计算机和主控台等组成。

1. 前置机

控制中心一般设置若干前置机,每个前置机处理若干车辆检测器采集的信息。

2. 中心处理计算机

中心处理计算机是集中处理前置机和收费站传送来的所有信息和数据,并按规定的准则判断出各区段的交通状况、路面状况。在将处理、判断的结果记录、存储、打印的同时,可通过道路模拟屏显示出上述信息,供管理人员决策时参考。信息采集自动进行,由微机程序控制,交通管理命令可自动或由人工通过微机键盘发布。

信息处理系统分三级管理,即车辆检测器包括匝道车辆检测器是最低一级,前置机或收费站计算机是中间一级,最高一级是中心处理计算机,它们形成树形结构。

3. 主控台

主控台是信息处理系统的核心部分,是实现人机对话的主要手段,它的主要功能如下:

①发布各种操作和控制命令;
②接收应急电话,发布指令电话;
③键入事故信息。

(三) 信息显示系统

信息显示系统的主要任务是向道路使用者和管理者提供某个路段内的交通、气象、事故和道路情报以及速度限制情报,它作为道路使用者的行车指南,辅助调节主干线上的交通流,参与交通管理与调度。

信息显示系统主要由道路模拟屏、大屏幕显示系统、电视墙、可变道路情报板和可变限速板等组成。

1. 道路模拟屏

道路模拟屏与控制中心的中心计算机相连接,接收中心计算机提供的有关系统运行的总体信息能在屏上显示。通过适当的设计,从模拟屏上就能知道设备是否在线运行,或者是否在某个地区发生故障。模拟屏还能使人从视觉上确认事件的发生,并说明交通拥挤的蔓延程度。这样就使控制中心对道路状况了如指掌,便于统一调度和管理。

道路模拟屏的显示信息如下：

①有关路段的交通参数；

②可变情报板和可变限速板的显示内容；

③气象信息，如温度、风向、风力、降雨降雪量；

④事故信息，如事故发生的时间、地点、事故类型及伤亡情况；

⑤外场设备工作状况；

⑥显示沿线各路段的交通状况，以不同颜色表示不同状况，如事故用红色灯光表示，拥挤用黄色灯光表示，正常用绿色灯光表示；

⑦摄像机工作状态；

⑧应急电话显示，如沿线某处有人打来应急电话，则屏上对应桩处指示灯亮。

2. 大屏幕显示系统

大屏幕显示系统由高分辨率投影仪、大屏幕投影屏等组成，它是一种动态信息的综合显示装置。大屏幕投影仪可以接收图形计算机输出的图形信息，也可以接收闭路电视系统输出的视频信号。因此，可用它显示高速公路背景资料、道路交通情况、摄像机获得的收费过程实时画面、各类交通数据、可变情报板和可变限速标志实时显示的内容、系统各设备的工作状态等其他需要显示的内容。投影系统有前投式和后投式两种，前投式投影器安装在屏幕的前上方，以一定的俯角投射；后投式投影器安装在屏幕的正后方。投影方式有两种：一种是多台投影器同时投射，组成一幅大画面，投射角较小，画面中心和边缘的清晰度、亮度相差不大，视感好；另一种是一台投射机投射一幅大屏幕，画面中心和边缘清晰度、亮度相差较大。

3. 电视墙

在高速公路交通监视系统中，由于对监视对象要进行全天候不间断监视，因此一般都选用专业监视器，并且监视器数量较多。放置监视器的架子往往占较大的面积，人们将其形象地称为"电视墙"，它可作为电视监控系统的接收部分和信息显示部分的共用设备。"电视墙"的配置数量与接收机数量及显示方案有关。在目前的应用系统中，收费广场摄像机的设置大多采用与监视器一一对应的方式。为了显示重点车道及异常情况图像，常在控制台上设置一台主监视器，以便清晰观察。

4. 可变道路情报板

可变道路情报板是高速公路上专供控制中心提供随时变化的情报用的，所以它提供的信息是一种活动的信息。控制中心将收集到的各种数据和信息经中心处理机处理后，由管理人员通过键盘按钮或用显示屏幕编辑发出指令，通过联机方式的终端控制机在情报板上显示出文字或图形，向驾驶员提供关于交通事故、交通阻塞、道路维修施工或气象情况等各种随机情况。

可变道路情报板一般设在城市高速公路的主线和城间高速公路互通立交出入口、收费处、隧道口及两个立交的中间位置。

可变道路情报板有文字情报板及图形情报板两大类。可变情报板操作简单，内容随时可以变化，可以远距离操纵，管理人员可同时给多块情报板下指令。

5. 可变限速板

根据控制中心的命令，可变限速板动态显示当前指定的车速、调节路段的车辆密度和平均速度。

控制中心根据车辆检测器检测到的信息和其他信息，认定某一路段内车辆出现异常情况，即车辆拥挤或出现事故，通过中心计算机向设在该路段前方的可变限速板发出限速指令，限定车辆行驶的最高速度，待排除事故或交通流恢复正常后再解除限制。

三、闭路电视交通监视系统

闭路电视交通监视系统（CCTV）广泛用于公路交通监视，使用初期主要用来获取固定区域的实时交通图像，凭借人的视力与经验探测交通事件。近年来，计算机图像处理技术迅速发展，CCTV 监控功能进一步扩展，可以对交通参数自动检测记录，对交通事件自动识别报警。

（一）CCTV 的功能和基本配置

目前，监测所得到的各种数据还不能反映交通流的全部形态，也难于描述交通事故现场的具体细节。借助布设于重要地段的摄像机所拍摄的交通图像，利用闭路电视交通监视系统在监控室重现这些图像，以支持人对监控过程的介入。这些图像帮助人们实时掌握全路段的交通运行情况，了解重要地段的交通运行细节，以便正确地做出事件探测和控制决策。对事故现场的电视图像加以录制，叠加时间、地点等附注，以备存档和事后分析。

CCTV 所提供的活动图像应清晰、逼真、稳定；视场可在一定的范围内调整；系统长期在野外连续工作，应具有较强的抗干扰能力和较高的工作可靠性。

监控中心所属 CCTV 的监视点多为数十个，配置的设备也很多。CCTV 由前端和后端设备、传输系统等部分组成。

（二）CCTV 的前端设备

CCTV 的前端设备包括摄像机、镜头、云台和防护罩等。

1. 摄像机

目前广泛使用以电荷耦合固体器件作为摄像元件的摄像机，其英文缩写为

CCD。电荷耦合固体器件是一种金属氧化物半导体（MOS）集成电路器件。它能将表示图像的各像素亮度转换成相应强度的电信号。该摄像机因体积小、质量轻、灵敏度高、惰性小、图像均匀性好和寿命长等突出优点而被广泛使用。

收费亭内、收费车道及收费广场都广泛使用摄像机。摄像机种类很多，应根据监视的需要和工作环境条件选择合适的机型及其配件。

选择摄像机应以监视地区的最低照度下能摄取到清晰的图像为主要指标。清晰度以水平和垂直方向的电视线数决定。按摄取图像的色调摄像机可分为黑白和彩色两种，前者清晰度较高，后者色调逼真，目前大都采用彩色的。按图像组成信号摄像机可分为模拟和数字式两类，前者价格较低，通常使用较多；数字式彩色摄像机只在有特定需要的场合下使用。

2. 镜头

镜头的作用是把被摄景物成像在摄像管的靶面上，形成清晰的光学影像。影响图像清晰的镜头参数主要是光圈和焦距。光圈孔径和焦距之比愈大，进入的光通量就愈多。摄像机的光圈是根据环境照度自动调节的。焦距决定物像比例，当被摄景物与镜头间的距离改变时，焦距应能自行调整；否则，成像面可能落到焦点深度以外，而使图像模糊。

3. 云台

云台的作用是安装和支持摄像机，它以两个伺服电动机带动摄像机做水平、俯仰运动，以扩大观察视域。交通监视要求摄像机水平回转能接近360°，上下摆动分别要求达到15°和30°。其运动速度要均匀，不能太快，不能有任何抖动，避免影响图像的稳定。云台有室外、室内之分，可按需要选择。

4. 防护罩

外场摄像机长年在野外环境下连续工作，要经受风霜雨雪、阳光直射、飞沙侵袭。我国地域广阔，南北室外温度差异较大；沿海地区潮湿闷热，又存在腐蚀和霉菌问题。而摄像机为光电器件，对使用环境有一定要求，上述种种恶劣环境都会给摄像机正常摄取图像带来不容忽视的干扰。防护罩就是为解决这些干扰而设置的。

5. 解码器

解码器接收后端切换控制设备发来的信号，对云台进行上/下、左/右运动控制，对镜头做远/近聚焦、广角/窄角变焦、光圈的开/关控制，对防护器进行风扇/电热/喷水/雨刷等控制。

(三) CCTV 的后端设备

CCTV 的后端设备包括监视器、视频时序切换器、视频分割切换器和图像存储设备等。

1. 监视器

监视器和摄像机配套使用,在监控室重现交通图像。在确定 CCTV 时,需要确定监视器的数量、尺寸、色彩和清晰度。对一个监视点不多的系统而言,监视器和摄像机可以一对一使用,即监视器与摄像机的数目相等。如果监点很多,监视器数目可以少于摄像机数目,采用顺序切换、轮流监视或一个屏幕显示多个图像的方法实现监视目的。

2. 视频时序切换器

几台摄像机共用一台监视器时,需借助切换器将各个监视点的交通图像按预定的时序轮流显示在监视器上。过去图像用手动或顺序切换,目前已出现微机视频控制器,配有键盘、解码器和专用软件,具有可编程时序、自动报警、字符叠加、前端控制、屏幕编辑和网络通信等多种功能。

3. 视频分割切换器

采用时序切换器将使监视图像在一定时间内被隐藏,脱离监控者的视线,潜伏不安全因素。把监视器画面分割为几块,将多幅摄像同时显示在屏幕上,既可以节省监视器的设备投资,又可进行全面监视,需要时再将某画面作为重点监视图像。

4. 图像存储设备

出现交通事件时,有必要将事件的发生、发展过程记录下来,进行事后分析。因此,后端一般应配置可长期录制的长延时录像机和硬盘录像机。

长延时录像机的主要功能和特点是可以用一盘 180 分钟的普通录像带,录制长达 12 小时、24 小时、48 小时,甚至更长时间的图像内容。这种功能和特点为电视监控系统的图像记录提供了减少录像带的保存数量、重放时节省观看时间等有利条件。

硬盘录像机的原理是将视频输入信号送入计算机中,通过计算机内的视频采集卡,完成 A/D 转换,将模拟视频信号转换为数字视频信号,并按一定的格式将图像信号录制在计算机硬盘内,通过视频管理软件可以对存储的数据进行深入的处理和重放。

(四) CCTV 的传输系统

闭路电视监视系统目前常用光缆传输,其工作原理在通信系统中已介绍,这里不再赘述。

四、隧道监控系统

隧道往往是公路运营中的薄弱环节，其运营安全至关重要。隧道监控系统是一整套相互关联的复杂的机电工程系统，由变配电系统、通风系统、照明控制系统、消防报警系统、交通信号系统、闭路电视监视系统及应急电话系统组成。其功能特点如下：

(一) 变配电系统

隧道内有风机负荷、照明负荷以及消防、监控及生活用电等，用电负荷一般比较大。对于较长距离隧道，靠单侧供电则不经济。因此，可在隧道两侧供电，由一侧承担隧道供电负荷的一半。考虑到重要负荷的供电连续性，还应在隧道内设置柴油发电机，主要在市电停电时自动切换到重要负荷如照明、监控、消防等设备上，投入正常运营供电，以防突发事故的发生。

(二) 通风系统

车辆运行会排放大量污染物质。车辆行驶在露天公路时所排放的污染物质与空气不断混合扩散，逐渐稀释，最终稳定在一个相当低的浓度水平，不至于对人体健康和交通环境构成严重危害。隧道是一个管状的半封闭体，车辆行驶在隧道内时排放的污染物质得不到稀释，不断积聚，浓度逐渐加大，既损害人体健康，又影响行车安全。汽车排放的物质有一氧化碳、二氧化硫等气体和铅尘，所有这些排放物都不同程度地对人体健康存在损伤。其中，一氧化碳由于排放量较多，对人体健康危害明显，在通风系统中作为首要排出和稀释的对象。

隧道通风有两种方式：自然通风和机械通风。机械通风是在隧道内设置风机以利通风，设置时应使每台风机能按照要求起动与停止，并能按照消防的要求改变吹风方向（对吹或对排）。

(三) 照明控制系统

车辆通过长隧道时，白天和黑夜的视觉环境变化不同。黑夜洞内视觉环境只是洞外视环境的延续，白天则经历突然由亮到黑和由黑到亮的急剧变化过程，人的视觉产生强烈的不适应感。因此，隧道的照明对于白天与夜晚有不同的要求，在入口及出口应设置适应亮度变化的过渡路段和提供足够的适应亮度变化所需的时间。

(四) 消防报警系统

为保证隧道运营的安全畅通，对可能发生的事故进行监测，掌握事故发生的先兆，或使偶发事故不至于形成灾难，并尽可能使事故在短时间内予以排除，可在隧道内设置一些必要的消防通报设备,如感温探测器、感烟探测器、消防报警器、紧急按钮等。

消防水泵控制可在监控中心及现场进行,平时高位水池水压应保持在足以供消防使用的状态。

(五) 交通信号系统

交通信号系统主要起控制隧道开闭、诱导车辆的作用,分设在车道口、洞口、洞中行车横洞附近。交通信号系统有自动、手动两种,手动可切换关闭某隧道或使某隧道双向运行,以适应某些特殊情况的要求;自动即能按照消防警报按钮的信息和感温元件的信息自动切换,并相应改变救援车道以及行车道路旁的指示灯色,以诱导车辆进入安全地带。

闭路电视监视系统和应急电话系统与通信系统中所述相同,这里不再赘述。

第四节 收费系统

一、收费系统的硬件设备

(一) 收费车道的硬件设备

1. 收费车道硬件设备的主要功能

①按车道操作流程,将收费数据实时上传至收费站的计算机系统。

②接收收费站下传的系统运行参数(同步时钟、费率表、黑名单和系统设置参数等)。

③对车道设备进行管理与控制,具有检查设备状态的功能。

④可保存一定时间段的收费数据,可降级使用,但不丢失数据。

⑤通信中断时,具有后备独立工作能力。

⑥为车辆提供控制信息。

⑦将各种违章报警信号实时传送到收费站控制室。

2. 半自动收费站的主要硬件设备

半自动收费站的硬件设备应包括以下几项:

①控制柜。控制柜位于收费员的操作桌下,以不影响收费员的操作活动空间为宜。控制柜内放置包括车道控制计算机在内的控制器件、通信接口、串行/并行接口板和保护电路等,要注意降温和防尘。

②雨棚信号灯。雨棚信号灯安装在雨棚下方、对准车道中间的位置。顶棚交通

灯为 24 小时全天候工作，在可视条件较差的环境下，如阳光直射、黄昏、雾天、暴雨时，信号标识仍清晰可见。在车道迎车流方向的雨棚上安装以红色和绿色为一组的信号灯，用于指示车道的开放和关闭。

③通行信号灯。通行信号灯安装在收费岛的后部、面向来车的方向，选用红绿双色信号灯或红和绿符号信号灯。通行信号灯由车道控制计算机控制，车辆未缴费时亮红灯，缴费结束亮绿灯放行。

④车辆检测器。车辆检测器由环型线圈和控制单元组成。控制单元与车道控制计算机相接，将检测到的车辆信息传送给计算机。车辆检测器的主要技术指标是检测精度、频率范围及灵敏度。

⑤雾灯。雾灯安装于车道入口方向的岛头上，在夜间或雾天打开，使进入收费广场的车辆能准确地判断收费车道的位置。

⑥对讲机。通过有线对讲机，收费员可与监控室人员保持点对点或一点对多点的直接通话。当出现任何异常情况时，如与出入口设备判断的车型不一致、设备出现故障、需要调换零钱等，都需用对讲机与监控室人员联系，经监控员确认后方能进行。监控员通过有线对讲机可向所有当班收费员发布信息和指令，以提高收费工作效率和事件响应能力。

⑦收费亭紧急报警装置。收费亭紧急报警装置由安装在亭内的脚踏式报警开关和安装在收费站某一合适位置上的全天候报警警笛组成。脚踏开关的位置应不易被人发现，且收费员在进行正常操作时也不易触动它，但在紧急情况下，能在别人不注意时被收费员触动而产生报警。

⑧闭路电视监视系统（CCTV）。CCTV 收费监视系统的多台监视器可为监控室人员提供收费广场的俯瞰全景、各车道收费过程和收费员操作行为的实时画面。可以说，全部收费活动都在监控室人员的视觉范围内，可及时发现任何异常现象，并做出迅速、有效的响应和处理。另外，监视系统对蓄意违章的人员具有一种心理上的威慑作用，有助于减少违章事件的发生。

由于闭路电视监视系统与通信系统中所述相同，故此处不再赘述。

(二) 收费站的硬件设备

1. 收费站硬件设备的主要功能

①轮流询问所有收费车道，实时采集收费车道的每一条原始数据。
②对收费车道的运行状况实施实时检测与监视，具有故障自动检测功能。
③向收费中心或收费结算中心传输收费业务数据(收入、交通量、管理报表等)。
④接收收费中心下传的系统运行参数(费率表、同步时钟、系统设置参数等)并

下传给各收费车道。

⑤收费员各班次实际收费额的管理。

⑥值班员录入欠（罚）款和银行缴款数据。

⑦机打票、定额票等票证的管理。

⑧非接触 IC 卡的管理，包括站内调配和流失的管理。

⑨图像的采集与管理，包括图像文档的生成、上传、备份、核查与打印。

2. 收费站的主要硬件设备

①服务器。收费站服务器是收费站所有计算机中配置最高的专用服务器，它不仅要存储收费站所有的收费数据、交通量数据、班次管理等数据和图像，还负责收费站局域网的管理。为了安装网络操作系统，收费站服务器的内存应足够大；考虑到图像和数据应分开存储，服务器最好配备高容量硬盘和读写光盘机，用于定期备份数据和人工数据上传。收费站服务器的功能主要包括数据管理、系统管理、数据通信等。

②多媒体计算机。收费站要完成对车道数据和图像的管理，通常需要配备图像监控计算机，它也称多媒体计算机。多媒体计算机应具备较高的分辨率，最好选用大屏幕显示器。多媒体计算机的主要功能包括车道监视、图像管理等功能。

③管理计算机。管理计算机的选用主要考虑完成各种数据处理、查询、统计、报表、打印功能所要求的响应时间，包括对图像数据进行统计查询所需的性能要求，最好选择速度较快的 CPU 和大存储空间的内存。

④打印机。收费站的打印机主要用于打印各种统计报表和抓拍图像，根据需要选用点阵、喷墨或激光打印机。打印机的主要技术指标包括速度、分辨率、接口等。

⑤网络设备。收费站网络设备包括网卡、调制解调器、集线器及路由器等。网络设备的主要技术指标包括接口、速度、端口数量等。

⑥辅助设备。收费系统的辅助设备主要包括收费综合控制台、电视墙、光缆、电缆、配电箱及附属设备所需的电力电缆、信号电缆、子管、线槽等配套设备所必需的材料及设备。

二、收费系统的软件功能

(一) 收费车道软件的主要功能模块

1. 登录模块

①车道软件系统初始化，包括系统变量初始化、屏幕显示模块初始化、串口初始化、I/O 口始化、通信协议初始化、设备初始化以及读取设置文件等。

②登录界面显示模块，包括背景显示、日期显示、时间显示等。

③上班登录模块，包括读身份卡、输入密码以及校验。

2．入口处理模块

①入口界面显示模块，包括背景显示、日期显示、时间显示等。

②入口发卡模块，包括输入车号、车型和入口数据保存模块等。

3．出口处理模块

①出口界面显示模块，包括背景显示、日期显示、时间显示等。

②输入车型模块。

③正常出口收费模块。

④紧急车处理模块。

⑤无卡车处理模块。

⑥车型不符处理模块。

⑦违章车处理模块。

⑧U形车处理模块。

⑨超时车处理模块。

⑩故障车处理模块。

⑪免费车处理模块。

⑫车队车辆处理模块等。

4．维护模块

①检测设备模块，包括车辆检测器检测、IC卡读写器检测、费额显示器检测等。

②收费数据磁盘备份。

③车道设置。

④输入车型。

⑤收费系统数据磁盘安装。

⑥收费系统软件网络安装。

5．通信模块

通信模块包括收费原始数据、设备数据和班次数据的上传、通行费费率表、行驶区间时限表、人员数据、收费站代码、车道代码、设备代码以及车情代码的接收、校对等。

6．图像数据叠加模块

图像数据叠加指将车道号、收费员工号、入口站编码、车型和车情叠加到图像上。

7．车道设备控制模块

①I/O设备，包括自动栏杆控制模块、通行灯控制模块、雨棚灯控制模块、车

辆检测器控制模块、费额显示器控制模块等。

②串口设备，包括显示器、键盘、IC 卡读写器等设备。

③并行设备，包括票据打印机等。

(二) 收费站软件的主要功能模块

1. 收费管理模块的功能

①录入。对于需要进行人工调整和输入的数据表格，录入操作应简单、直观，应有相应的提示，数据确认后，不允许随意修改。

②统计。要求对软件需求文件中的交通流量和通行费收入报表进行统计计算，统计计算的时间不能过长，统计速度要快。

③检索 (查询)。根据给定的检索条件 (车道、班次、车情、收费员、车型等任意组合) 对任意时间范围内的数据进行检索。检索结果可进行筛选、汇总、排序等操作，如有需要，应能和图像文件相连接。

④退出／登录。针对不同对象，设置不同权限；权限在登录时就确定，权限不同，所操作的内容和范围就不同。

2. 实时监视模块的功能

实时监视模块能实时显示收费站各出、入口车道的运行状态 (打开、关闭、故障、维修)、交通流量和收费情况。

3. 图像管理模块的功能

图像管理模块安装在收费站的多媒体计算机中，可对存储的图像根据检索条件进行调阅，特别是对一些特殊事件或突发事件图像进行分析或转存。

4. 数据维护模块的功能

数据维护模块可完成固定时间范围内的数据备份与上报，并根据收费实际运行情况调整数据库中的相关数据等。

5. 数据通信模块的功能

数据通信模块主要完成从收费站到收费分中心的通信；从功能上讲，主要完成收费站收费数据定时或实时传输。

6. 帮助模块的功能

帮助模块除提供帮助文档外，应能在系统中提供相关的在线使用帮助。

三、电子收费和自动识别系统简介

当交通量较高时，人工收费方式和半自动收费方式就会因处理速度问题而造成车辆排队，越来越不适应交通量发展的需要。若增设收费站或将收费站规模扩大、收费车道数增加，将会造成收费运行成本增加，并且还有征地、建设等方面的问题。因此，不停车收费系统就成为高速公路收费管理的迫切需要。

20世纪80年代，西方发达国家的不停车收费技术获得重大突破，90年代初陆续被引入我国高速公路收费管理。实践证明，电子收费系统适用于开放式和封闭式两种收费制式，它将为高速公路收费管理开创一个崭新的局面。

(一) 电子收费的定义与特点

1. 电子收费的定义

电子收费的英文名称为"Electronic Toll Collection"，缩写为ETC，它是智能交通系统的一个重要组成部分，是一种新型的高科技收费系统。

电子收费有三个显著的特征：一是广泛采用了现代高新技术，涉及电子技术、无线电通信、计算机、自动控制等多个领域；二是在收费过程中，流通的不是现金，而是电子货币；三是实现了不停车自动收费，车辆只需按限速要求直接驶过收费道口，收费过程则自动完成。

当电子收费被广大用户所认识和赞同时，可采用自由流式电子收费。目前，国外趋向于取消匝道收费站，而在主车道上每隔一定里程设置一个横跨车道上空的龙门架，上面安装电子收费设备，实施分段开放式电子收费。车辆无须减速，以正常车速通过收费区域就可完成收费过程，称之为自由流式电子收费。

2. 电子收费的特点

电子收费是电子收费设备的天线与通行车辆的车载装置之间自动进行通信、数据交换、接收、发送有关通行费支付信息的系统。电子收费有如下六个鲜明的特点：

①方便客户长途旅行。持有车载识别卡的车辆可在高速公路网上的任何路段行驶，而无须停车缴费。

②提高了收费车道的通过率。与人工收费车道相比，其通过率可提高5~7倍。

③提高了管理效益。电子收费可减少大量收费员，可节省25%~40%的日常管理费用。

④可杜绝费额流失。电子收费不需要准备现金，车型判别和收费差错减少，费额流失情况不再发生。

⑤节约能源。与停车收费相比，车辆燃油消耗可降低15%左右。

⑥改善了收费站环境。由于不需停车，从而减少了通行车辆的加减速次数，也减少了车辆在收费站附近产生的废气和噪声等污染。

(二) 电子收费系统的收费业务流程

收费车道入口端上方有电子收费车道的标志和信号灯。由于车辆密度不大，电子收费设备的天线并不连续工作。没有车辆通过时，天线处于休眠状态。在天线辐射区外的车道埋设一个环形线圈。当车辆进入线圈检测区时，线圈发出电信号，唤醒天线，使其进入工作状态。此时，自动栏杆关闭，交通信号灯为红色。车辆进入通信区，在载波作用下，电子标签被唤醒，响应天线的询问，将客户身份与车型代码上传给车道天线，由天线转送给车道控制机进行审核。天线接收并确认电子标签有效后，以微波发出入口车道代码和时间信号，写入电子标签的存储器内，控制机指令栏杆打开，交通信号灯变绿放行。整个过程是在车辆行驶中完成的。

当车辆驶入收费车道出口天线发射范围，经过唤醒和相互认证有效性等过程，天线读出车型代码、入口代码和时间，并传送给车道控制机；车道控制机对信息核实确认后，计算出此车此次的通行费额，由天线发出指令将费额写入标识卡。与此同时，车道控制器存储原始数据并编辑成数据文件，定时传送给收费站并转送至收费结算中心。如要进一步交换信息、读写数据，可以继续通信，直到收费过程结束。此过程也是在车辆行驶中完成的。

如果持无效标识卡或无卡车辆在收费车道上高速冲卡时，天线在确认无效的同时，启动快速自动栏杆，关闭收费车道，当场将冲卡车辆拦截。同时启动逃费抓拍摄像机，将逃费冲卡的车辆头部与车牌号摄录下来，随同出口代码和冲卡时间一并传送给车道控制机记录在案，以便事后依法处理。

银行收到汇总的车辆收费数据后，则从各个用户的账号中扣除通行费，拨入收费结算中心账号。同时，银行将核对各用户账户的剩余金额是否低于预定的临界值，若低于，则及时通知用户补交，并将此名单（灰名单）下发给各收费站。如灰名单用户不补交金额，并继续通行，导致剩余金额低于危险门限值，则应将其划归为无效电子标签，编入黑名单，并通知各收费站，拒绝无效电子标签在高速公路电子收费车道通行。

(三) 电子标签

电子标签是一种安装在车辆上的无线通信设备，允许车辆在高速行驶状态下与路旁的读写设备进行单向或双向通信，其结构、功能、工作原理与非接触式IC卡颇为相似，主要差别在于通信距离。它装有微处理器芯片和接收与发射天线，在高速行驶中（可达250千米/时）与相距 8~15m 远的读写器进行微波或红外通信，比非接触IC卡的工作频率、通信速率高出很多。电子标签一般为有源器件。电子标签的类型有只读型、读写型、带IC卡接口的读写型三种形式。

(四) 电子收费系统的关键技术

为了使ETC能高效、可靠地完成收费过程，达到最大的车辆通过率且使顾客接受，它必须使用三个关键性技术系统，即自动车辆识别系统（AVI）、自动车型分类系统（AVC）和逃费抓拍系统（VES）。

1. 自动车辆识别系统

自动车辆识别技术是电子收费系统的基础。当车辆通过某一特定地点时，它利用装在车上的射频装置向收费站的收费装置传送识别信息，如车辆 ID 号码、车牌号码、车型、车主、车籍等资料，以判别车辆是否可以通过不停车收费车道。理论上讲，只要能读取车辆的车牌号码，就足以达到车辆识别的目的，这对人的眼睛来说，是极易办到的事，但对机器识别而言，却不那么容易了。

2. 自动车型分类系统

自动车型分类系统就是利用装在车道内和车道周围的各种传感器装置来测定车辆的类型，以便按车型收费。其基本原理是车道传感器记录车辆的物理特征，处理器汇集各传感器输入的信息，并根据这些信息对车辆进行判断、分类，再将确定了车型的车辆信息发送到相关系统，以确保按车型实施收费。

判别车型的办法有两种：一是在标识卡上存储车辆牌照和车型类别代码；二是对检测得到的车辆间接参数进行综合评判后确定车型类别。

第一种判别法由于标识卡上存储的车型类别代码不可修改，无须增添新设施即可在通信过程中得到准确的车辆类型。但是，当用户将标识卡从原有车辆拆卸下来，安装到与车型代码不符的另一车辆上时，只靠通信所获取的车型类别信息，就无法分辨其真伪。

第二种判别法需要安装多种检测设备，以检测车轴数、轮数、几何尺寸、车重等参数，并用计算机专用软件做综合（或图像）辨识。这样做会加大系统投资，增加管理维护费用。

目前常用的车型分类方法是双管齐下，但有主有次，即以标示卡上获取的车辆信息为主，再用检测所得数据进行校核，加以确认。这样做的好处是可降低差错率，节约设备投资。

下面介绍一种以车辆轴距、车轴数、车高为主要参数的车辆自动分类方法，这种方法简单、易行，主要用于收费站的电子收费系统，目前我国部分高速公路已采用这种技术。

①车辆分离器。车辆分离器是自动车型分类系统中的一个重要设备，它能把通过的每辆车分离出来，正确区分正常车辆和拖车车辆，为车型自动分类系统提供准确信息，确保分类精度。

②车高检测器。车辆检测器一般与车辆分离器合并在一起。当车辆通过收费车道时，它利用红外线光束被遮挡的情况，可检测出车头或前轮处的高度，也可检测

出车辆底盘高度。

③轴距与车轴数检测器。轴距检测可利用红外线或踏板式检测器来测定,但检测出的轴距不是轴距的实际尺寸,而是轴距的所属范围,轴距的实际尺寸则由轴距所属范围和车型分类标准来确定。

  3. 逃费抓拍系统

由于 ETC 系统在为车辆提供不停车缴费环境的同时,也给冲卡逃费提供了方便条件。所以,在 ETC 系统开通运行前,必须提供一种以法规为基础的强大威慑力,使大多数车辆不会产生冲卡行为,而对个别冲卡者则能提供有力的冲卡逃费现场证据,以便事后受到严厉的处置,并给予相应的经济处罚。

逃费抓拍系统就是利用收费系统的各种硬件和处理程序对未付或未按正确费率付费的通过车辆,由收费车道、栏杆和收费员组成的关卡形式迫使车辆停车缴费,以扼制冲卡逃费行为,并对该车辆行为进行自动记录的系统。

逃费抓拍系统在自动栏杆附近安装与计算机连接的摄像机,用来抓拍使用不停车收费车道而未安装有效标识卡车辆的前部或后部牌照图像,以便确定车牌号码和逃费车主,作为事后追查、索赔和处罚的依据。

由于车牌设计、制作和使用等使抓拍到的图像清晰度不够理想,会给计算机车牌自动识别带来一定难度。影响车牌图像质量的主要因素有四个:一是车牌脏污、损坏和存在遮挡车牌录像的障碍物;二是气象恶劣、光源不足或车牌的材料对光线反射不佳,导致成像模糊;三是车牌安装不当、牌照遗失或牌照安装位置特殊;四是难于辨识易混淆或相似的字母、数字。目前,科技界一直在改进光学字符识别技术,使车牌字符识别的质量有很大提高,但准确度还不能令人完全满意,还需要继续改进与提高。

四、计重收费系统

为充分体现公平性、合理性和科学性,有效限制超限运输车辆对公路掠夺性使用,减少越限运输给人民生命财产安全带来的威胁,中华人民共和国交通运输部发布的《超限运输车辆行驶公路管理规定》和 2004 年 4 月国家七部委发布的《关于在全国开展车辆超限超载治理工作的实施方案》规定,对装卸不可解体货物、无法卸载且轴载质量超过限定标准以及擅自行驶的超限运输车辆,实行按吨公里计重累进加价收费制度。

(一)计重收费系统的组成

计重收费系统由称重台、称重传感器、轮胎识别器、车辆分离器、线圈感应车辆检测器、数据采集器、中央控制单元七部分组成。车辆分离器、线圈感应车辆检测器、称重台和轮胎识别器安装在车道上，负责动态称重和采集车辆数据；数据采集器安装在控制柜内，负责协调并采集数据信号，对数据进行技术处理后，将检测数据通过标准接口（RS422）输出至收费控制室的中央控制器。

(二) 计重收费系统的工作原理

当车辆进入称重收费车道时，车辆分离器检测车辆到达，车辆各轴依次通过轮胎识别器、称重台时，轮胎识别器和称重台准确判断出车辆轴组类型（分类标准为中华人民共和国交通运输部发布的《超限运输车辆行驶公路管理规定》）或轮轴数量，并实时测量各轴质量；当车辆完全通过后，车辆分离器发出一个信号，使数据采集器进入数据处理状态；在数据处理状态，数据采集器对所记录的数据进行处理，将车速、加速度、轴型、轴重、每轴的轮胎数、轴组载荷、总重、超限率等信息通过标准接口（RS232/485）按照收费软件要求的格式输出至中央控制器。

(三) 计重收费系统的硬件设备

①称重台。称重台由全钢材料制作，钢材表面要去除氧化皮，并做除锈防锈处理，以使其长期暴露在空气中不被锈蚀。称重台下由称重传感器支撑，并设有独立的接地装置。

②称重传感器。它采用压感元件将车辆的质量信号转换成电信号，送至数据采集单元。

③轮胎识别器。它用压电元件及专用的密封材料和绝缘聚氨酯胶封装成长度为1 600mm 或 1 900mm 的条状轮胎识别器。

④车辆分离器（红外光幕分离单元）。它通过红外光被遮挡来判断车辆通过与否。

⑤线圈感应车辆分离器。线圈和控制器构成一个振荡器，当车辆驶近时，振荡器频率信号发生变化，线圈控制器检测到频率变化，经过处理后发出一个车辆存在的信号。当车辆离开时，频率恢复正常，控制器发出一个车辆离开的信号。

⑥数据采集处理控制柜。它为数据采集单元，通过快速采集器完成质量信号、线圈感应信息、轮胎识别信息、红外分辨信息的采集，将车辆信息传送给中央控制单元。

⑦中央控制单元。中央控制单元即中央控制器，该部分是整个装置的核心部分，采用工业控制计算机程序固化于固态盘内，无硬盘。它对数据采集单元上传的质量数据、线圈感应、轮胎识别、红外分辨信息进行处理，得到车辆的轴重、总重、车型、轴型、超限、速度、加速度等信息。

⑧软件系统。主控制器的软件系统是整个系统的灵魂。主机迅速、准确地接收来自称重传感器、轮胎识别器、红外线分离器、感应线圈等传来的信息及数据，经

处理后得到车辆的轴负载、总重、车型、轴型、超限率、速度、加速度等信息。

(四) 计重收费系统的特性

①计重收费系统动态称重过程自动完成，无须人为干预；与收费系统可实现无缝网络互联，方便已有收费系统的计重收费改造。

②计重收费系统具有坡度补偿功能。该系统可根据车辆速度、质量等数据自动调整称量数据，减少称量误差。

③计重收费系统支持动静两用称量模式，即动态称量和静态称量，并可自动转换，即使由于拥堵，车轴停在称重台板上，该系统也能准确称量并进行车型判别。

④安装在路侧的车辆分离器可完全消除跟车现象，将半挂车、全挂车、单车可靠分离，既保证了称重检测数据与车辆的一一对应关系，也不会出现由于误判而产生多车或少车现象。

⑤安装在室外控制柜内的数据采集单元、轮轴识别控制器、车辆分离控制器、环形线圈控制器等部件完全适应室外全天候工作，保证了设备的无故障连续运行。

⑥计重收费系统应具有多个车辆测量数据自动缓存的特性，前一辆车的数据传到收费计算机，但处理过程没有结束，此时收费计算机不接收后一辆车的数据，则后一辆车的数据暂存于车道数据处理器缓存消息队列中，并尝试重发，直到发送完成。这样可避免此次检测数据被冲掉，从而保证了称重检测数据的完整性，同时也保证了车辆与检测数据的一一对应关系。

⑦计重收费系统应具有防腐防晒性能，产品材料选用优质热轧型钢及板材，全部钢材加工前表面应进行喷砂等预处理，以去除钢材表面的氧化皮、锈蚀及异物，然后做防锈处理。

第五节　电源系统

一、交通管理系统对电源系统的要求

电源系统是高速公路交通管理系统的重要组成部分，是系统的动力保障。随着电子设备的不断改进和更新，高速公路现代化管理设备对电源系统的要求越来越高。如果电源系统不能持续提供稳定可靠的规定电压，交通管理系统就无法正常工作。

现代化交通管理系统对电源系统的基本要求是安全、可靠、稳定、小型和高效率。

（一）安全

随着电能在高速公路管理过程中的应用日益广泛，安全用电问题变得很突出。供配电系统的安全是指电能在高速公路各系统的供应、分配和使用过程中不应发生人身伤亡事故、设备损坏事故和由电能引起的其他事故。为保证这一点，要求供配电系统具有自身的安全防护能力，要求有关技术人员必须掌握安全用电的基本知识。

（二）可靠

为了保证通信系统、监控系统、收费系统的正常运行，必须确保电源系统的可靠性。一旦电源系统发生故障，必将影响各系统的工作。假如电源中断，通信系统的信道机、交换机等将无法工作；监控系统失去监视、控制道路交通的功能；收费系统设备停止运行，数据丢失，系统瘫痪。因此，为了保证供电的可靠性，必须采用集中或分散交流不间断供电系统，同时在直流供电系统中采取直流应急电源，以提高系统供电的可靠性。

（三）稳定

管理系统的各种设备都要求电压稳定，不能超过规定的电压范围。电源电压过高，会损坏系统设备中的电子元件；电压过低，系统设备不能正常工作。电源电压的脉动必须低于允许值，否则会影响系统设备的正常运行。因此，在对系统设备进行供电时，交流输入端必须接在高性能的交流稳压电源上，以保证输出的交流电压满足规定的技术要求。对一些特殊设备，还应采取稳定频率的措施。

（四）小型

随着集成电路的迅速发展和应用，系统中各种电子设备正向小型化、集成化方向发展。为了适应电子设备小型化的需要，电源装置也必须实现小型化、集成化。为了减小电源装置的体积和质量，各种集成稳压器和变压器的开关电源得到越来越广泛的应用。

（五）高效率

为了节约电能，提高电源效率，各种类型的开关稳压电源已在系统设备中广泛应用。开关稳压电源与线性电源相比，其效率可以提高30%~40%。

二、高速公路的供配电方式

（一）高速公路就近供电方式

高速公路就近供电方式比较适用于高速公路还没有大量使用监控、通信设备，用电相对集中在服务区、管理所和收费站的状况。高速公路沿线的收费站、服务区和管理所的电源都来自附近城乡的农业或民用电。这种供电方式虽然可以减少集中供电在输、配电上的麻烦和投资，但由于农业用电不稳定，经常出现停电、供电故障与电压过低等现象，供电质量难以保证，给一些电子监控、收费设备的正常运行带来了严重影响，甚至可能造成系统的误动作；在管理上，也容易发生矛盾，给高速公路管理系统的正常运行造成困难。

(二) 高速公路集中供电方式

高速公路集中供电方式是指沿线系统和生活用电都是由相对独立的供配电系统提供的。这种方式提供的电源一般来自附近的高压供电干线网。集中供电的优点是避免了与地方在用电问题上的矛盾，减少了停电和供电故障次数。另外，由于集中供电容易控制用电的质量，从而保证了监控设备的用电要求。

三、供配电系统的构成

供电系统主要包括变电所提供的交流市电、柴油发电机供给的自备交流电源，以及由整流器、蓄电池和逆变器组成的交流不间断电源。低压交流配电屏应能接入一路市电和一路发电机组电源，在外线停电时，应能人工（或自动）转换到发电机侧；市电恢复供电后，应能自动转换到市电侧。低压交流配电屏还应具有两组电源不能同时供电的互锁功能，它可以将交流电分别送到所需供电的设备上。另外，供电系统还采用真空有载自动调压开关设备，以调整电压的变化，同时监测交流电压和电流的变化，当市电中断或电压发生大的变化时，自动发出报警信号。

(一) 交流供配电系统

高速公路所用的电能大部分是交流电，部分外场设备所使用的直流电也是利用整流设备将交流电转变成所需的直流电。

对于采用本地集中或相对集中供电的高速公路供配电系统，其所用电源是从附近高压电网引出10kV或35kV高压电到高速公路的变电所，经过变压器产生380V/220V的供电电压，再由低压配电屏、输配电线路送到各用电设备。

(二) 柴油发电机组

为保证在市电电源因故中断时高速公路通信系统、收费系统、监控系统能正常工作，供配电系统需配备备用电源。目前国内在供电中断时多采用自动柴油发电机组，机组能自动（人工）启动发电和自动实现电源的切换。在市电中断时，无人值守的柴油发电机组自动启动，发电机也能自动启动。低压交流配电屏可实现低压市电与柴油发电机的转换。低压交流配电屏还可以将交流电分别送到整流器、照明设备和其他用电设备。

(三) 不间断供电系统

不间断供电系统是一套将交流市电变为直流电的整流、充电装置，又是一套把直流电再转变为交流电的逆变器，且具有稳压功能。一旦市电中断，蓄电池立即对逆变器供电，以保证不间断电源交流输出电压的连续性，满足系统电源的不间断供电和无瞬变要求。

当电力系统发生故障时，不间断电源在柴油发电机完全启动前可取代市电，继续向用电设备供电。另外，由于交流电网的严重干扰，常常会造成计算机等设备的误动作或数据丢失，采用不间断电源后输出的正弦波能保持良好的波形而且不受干扰。

(四) 直流供电系统

直流电源主要为通信系统中某些直流设备提供用电，如车辆检测器、紧急电话等。直流供电系统一般由交流电源经整流器整流后得到，直流供电系统的不间断电源可由蓄电池构成。

(三) 不同频共His荥

(四) 直流共His荥

第三章

公路运营成本管理

第一节　公路运营成本管理概述

一、公路运营成本费用的概念

所谓费用，对于企业来说是指企业为销售商品、提供劳务等日常活动所发生的经济利益的流出，而成本则是指企业为生产商品、提供劳务而发生的各种耗费。而对于高速公路来说，其运营成本一般指营业成本，包括修建高速公路的产品成本、工程成本、运输成本和劳务成本等，而费用一般指期间费用。

(一) 工程成本

根据《高速公路公司财务管理办法》的规定，公司在建设高速公路期间发生的与建设高速公路有关的支出计入高速公路工程成本。高速公路工程成本包括建筑安装工程投资支出、设备投资支出和待摊投资支出。

(二) 营业成本

根据《高速公路公司财务管理办法》的规定，公司在公路通行期间发生的与公路经营有关的支出计入营业成本。公路经营企业的营业成本包括公司在经营过程中实际消耗的各种燃料、材料、备品备件、轮胎、低值易耗品等的支出；公司支付的各类人员的工资和福利费；公司在经营过程中所发生的固定资产折旧费、固定资产维修费、固定资产租赁费、公路灾害预防及抢修费、公路线路绿化费、取暖费、办公费、水电费、差旅费、保险费、劳动保护费等。

营业成本包括下列业务成本：

1. 公路经营成本

公路经营成本是指路面、路基、桥梁、隧道、涵洞等公路构造物以及附属设施所发生的各项支出，包括公路小修保养成本、公路中修成本、公路安全设施的维护成本、公路及附属设施的折旧成本、公路收费经营权的摊销成本以及公路占用土地的土地使用权摊销成本。

2. 通信和监控设施的维护成本

通信和监控设施的维护成本即为保证电话机及线路、监控设施及线路等通信和监控设施正常使用所发生的各项保养与维修支出。

3. 公路灾害预防及抢修成本

公路灾害预防及抢修成本即指水毁工程和灾害性事故抢修所发生的各项支出。

4. 公路绿化成本

公路绿化成本即公路线路上各种绿化植物所发生的各项支出。

5. 收费业务成本

收费业务成本指为收取高速公路上车辆通行费而发生的各项支出，包括收费人员的工资和福利费、其他人员经费以及收费设施和收费站房屋的折旧、维修等支出。

6. 其他成本

其他成本即指上述项目以外的支出，包括路政支出、交通安全支出、精神文明建设支出、宣传教育支出等。

二、公路运营中的行政管理费用

公路运营中的行政管理费用是公路经营企业的期间费用的重要组成部分，根据《高速公路公司财务管理办法》的规定，公司管理部门发生的支出计入管理费用，包括公司经费、工会会费、职工教育经费、劳动保险费、待业保险费、董事会费、咨询费、审计费、诉讼费、排污费、税金、技术转让费、技术开发费、无形资产摊销、开办费摊销、业务招待费、存货盘亏、毁损和报废（减盘盈）以及其他管理费用。

三、公路运营中的财务费用

根据《高速公路公司财务管理办法》的规定，财务费用是指公司为筹集资金而发生的各项费用，包括企业在运营期间发生的利息净支出、汇兑净损失、买卖外汇差价、金融机构手续费以及筹资所发生的其他财务费用等。

四、公路运营成本费用的特点

与普通的企业相比，高速公路运营企业的运营成本费用具有以下特点：

①公路经营企业成本费用呈现相对固定性，这是公路运营企业的明显特点。

②公路资产价值很大，年折旧费用也很多，因此公路资产折旧或摊销成本对公路企业的营业成本有重要的影响。交通运输部、财政部颁发的《高速公路公司财务管理办法》中规定，路基、桥梁、隧道的折旧年限为20~30年，其他公路资产的折旧年限在20年以下。例如，一条造价为60亿元的高速公路，年折旧费为2.4亿~3.0亿元，其可能大于年公路养护支出。另外，公路资产采取不同的折旧或者摊销方法，对当期损益的影响较为明显。公路运营企业的折旧方法有很多，其中有平均年限法和工作量法。通常平均年限法的关键在于如何确定固定资产的使用年限和固定资产的净残值，而工作量法的关键则在于如何准确预计收费年限内的交通量，此时的交

通量应以标准车交通量为准。

③高速公路资产的养护维修费用管理在成本管理中占重要地位。由于公路是延伸很长的带状建筑物，其跨越的地区广，受自然侵蚀较严重，损害很大，尤其是洪水、泥石流等自然灾害对其更具破坏性。所以，公路资产不仅日常养护量很大，而且灾害预防及抢修任务也很重，消耗的人力、物力多，养护和抢修费用比较高。

④高速公路经营企业营业的成本中，人员经费支出占有较大的比例。

⑤在高速公路运营收费的初期，贷款利息费用在全部费用中占有较大的比例，以后随着贷款的逐步偿还利息费用将会逐年减少。

⑥高速公路经营企业的收费业务量很大，同时收费业务支出也很多。运营企业主要靠收取车辆通行费获得收入，用于支付经营支出和归还贷款本息，因此也拥有人员较多的收费队伍，在收费过程中除发生收费人员工资、福利、工作服和劳保等费用外，还会发生如收费票据费、账表印刷费、水电费、取暖费、工具用具费等业务费。所以，必须加强这些收费业务的支出管理。

五、公路运营成本费用管理的原则

为了达到高速公路运营企业成本费用管理的目标，促使利润最大化，在企业成本费用管理中需要奉行的原则为：经济性原则、效益性原则、权责利结合原则、例外管理原则。

六、公路运营成本费用管理的内容

由于高速公路建设投资巨大，还贷任务重，因此高速公路的管理必须挖掘潜能，提高效益。提高效益主要通过增加通行费收入和降低成本两个途径。增加通行费收入有两种方法：一是增加通行车流量，二是提高车辆通行费征收价格，两者都受外部客观经济环境影响和区域经济发展条件的约束。因此，提高高速公路经济效益必须加强成本管理，有效降低成本。加强高速公路成本管理主要抓好以下几个方面的工作：

(一) 转变观念，提高成本管理意识

目前，一些省份的高速公路管理模式是：实行收支两条线管理，收入全额上交，支出由上级按计划下拨。在这种管理模式下，不少员工缺乏成本观念，认为高速公路运营企业成本管理不像其他企业那么重要，成本高低对员工的利益影响不大。随着我国交通体制改革的深化，高速公路管理已经实行企业管理，企业经济效益的高低将与员工的收入挂钩。为了适应改革的需要，高速公路运营企业必须转变旧的观念意识，树立起新的市场观、成本观和效益观，从领导到员工都必须重视成本管理，努力挖潜降耗。

(二) 做好成本预测分析，提高计划成本水平

成本预测是依据成本与各种技术经济因素的依存关系，结合发展前景及采取的各种措施，利用一定的科学方法，对未来成本水平及其趋势做出科学的估计。成本预测是成本管理工作的一个重要环节，通过成本预测掌握未来的成本水平及其变动趋势，有助于把经营管理中的未知因素转变为已知因素，帮助经营管理者提高自觉性，减少盲目性，从而不断提高成本管理水平，做出合理组织经营和提高经济效益的正确决策。

(三) 实行全面成本管理，有效降低成本

由于成本形成涉及企业的各环节、经营全过程和全体人员，所以要有效降低成本必须实行全面成本管理。

1. 各环节的全面成本管理

成本管理的环节包括成本的预测、计划、决策、控制、核算、检查和考核等。实行全面成本管理从管理环节来说就是要全面地开展这些工作，并且贯穿于经营过程的始终。

2. 企业内部全过程成本管理

实行全面成本管理从管理的范围来说包括时间上的全面成本管理和空间上的全面成本管理。前者是对影响成本的全过程进行管理，按照这一要求，高速公路企业不仅应对公路养护形成的全过程进行管理，而且还要对征收成本、清障成本、经警巡查管理成本等形成的全过程进行管理。同时还应在养护工程设计阶段就对工程项目的预算、专用设备购建等方面进行成本管理。成本管理人员应该参与对工程成本的预测、成本分析和技术决策。只有在设计阶段就预测成本，从技术上挖掘降低成本的潜力，才能更好地降低成本。在购建设施成本管理上，除考虑购置成本外，还应把整个使用期内的有关使用、维修、保养等全部支出考虑进去，权衡成本的大小，选择最优方案，做出购置决策，形成全过程的成本管理。

3. 企业内部全员成本管理

从空间上说的全面成本管理就是企业内部各单位、各部门的全员成本管理。也就是说，不仅财务部门的专职人员要进行成本管理，而且各管理处、收费站、清障队、经警巡逻队以及设施部门、征费部门、劳动人事部门、办公室等各个职能部门的专职或兼职成本管理人员和全体员工（包括收费员在内）都要参加成本管理。因为各个部门及每个员工工作的好坏都会直接或间接地影响成本的升降。所以要在高速公路企业中最大限度地降低成本，就必须调动全路段各单位、各部门员工关心成

本、降低成本的积极性，组织他们都来参与成本管理。因此，必须在企业内部实行经济责任制，实行责任成本管理，即按照干什么管什么的原则，把成本费用指标的管理与经济责任结合起来，把能够用成本来反映的经济责任分别落实到部门、班组乃至个人，目的就是使其对一定的成本负责，调动各方面的积极性，挖掘潜力，降低成本。

(四) 加强成本控制，实现成本目标

要实现成本计划目标必须加强成本控制。成本控制就是在成本形成过程中，及时发现偏差，采取措施，克服经营过程中的损失浪费现象，使经营过程的各种耗费被控制在原先规定的范围内，并不断总结和推广节约耗费的先进经验，不断改进控制措施，不断降低成本，以保证成本目标的实现。

1. 正确制定目标成本

通过成本预测分析制定总目标成本，并将总目标成本分解成各部门、各环节的成本、费用定额指标。例如，经过预测，制定某管理处年总成本为1 500万元，其中，管理费用成本为200万元，征收成本为500万元，设施维护及公路养护成本为300万元，清障成本为80万元，经警巡逻成本为50万元，专项养护工程成本为370万元。将这些成本项目继续往下分解，细分指标定额。

2. 建立目标成本责任制

责任归口分级控制包括划分责任层次，确定成本中心，明确职责和权限，落实责任成本指标，建立完整的责任成本记录、计算、报告和奖惩制度。例如，先将目标成本分解到各管理处、各部门；管理处再将目标成本分解到各收费站、各有关部门，实行目标成本层层包干负责制管理。即管理费用分解到管理处、管理处机关各部门；征收成本分解到各收费站；经警巡逻成本分解到各中队；清障成本分解到清障大队；养护成本及工程成本分解到养护股。成本费用还要逐级分解到个人负责，形成谁管谁负责，指标到位，责任到位，把目标成本具体归口管理，分工负责，实行成本包干负责制，超支受罚，节约有奖，将目标成本执行好坏直接与责任人的经济效益挂钩，把降低成本目标落到实处。

3. 制定成本控制制度

制定适合高速公路特点的成本控制制度可有效约束成本开支，预防偏差和浪费发生。如制定养护工程成本管理制度，材料及构件定额管理制度，征收、监控、通信设施设备利用和管理制度，清障、经警巡逻、养护车辆使用及保养成本管理制度，固定资产使用管理制度，劳动定员定额管理制度，物资领用保管制度，工程招投标及预结算审批管理制度，各项成本开支审批责任制度等。在制定制度时，要注意制度的可操作性，以便有效执行。

4. 完善成本开支审批手续，严格按计划支出

在成本管理过程中要做好监督，严把审批关，制止不合理支出，杜绝超计划支出。特别是工程成本，要严格实行工程公开招投标制度，对工程预算实行养护、财务等多部门联合审核会签制，对已完工工程的验收计量结算工作，要加强工程量及工程质量的监理监督。金额较大的项目应引进中介监理监督机制，由第三者参与工程监理监督，以提高工程质量，降低工程成本。

5. 加强成本分析和考核工作，并与奖惩挂钩

通过实际成本和计划成本的比较，确定成本的节约或超支，分析成本超支或节约的原因，确定责任归属，并对成本责任部门或责任人进行相应的考核和奖惩。同时及时总结经验教训，对好的经验要推广学习，对存在的问题要及时采取有效措施进行整改，不断改进工作，以达到降低成本的目的。对成本控制工作的考核，宜每季度进行，并将考核结果与责任部门、责任人的绩效工资挂钩，以便及时发现问题尽快改进工作，最终实现成本目标。

（五）加快电算化工作进程，提高成本信息反馈速度

要有效降低高速公路成本必须采用电算化管理，包括成本核算的会计电算化和成本控制的办公管理电算化等。加快成本核算速度，提高成本核算质量，加快成本控制信息反馈速度，使有关成本资料信息及时反馈给有关部门和领导，以便随时了解和掌握成本开支情况，及时发现实际成本与目标成本之间的差异情况，及时做出正确决策；充分挖掘潜力，采用有效措施及时控制成本支出，从而达到降低成本的目的。

第二节　道路使用效益分析

车辆在高速公路上运行，在很大程度上降低了运营成本，也节约了运营时间，缩短了运输里程，同时还在减少货损、降低事故发生率、减少交通拥挤等方面有很好的收益，具体情况分析如下：

一、公路运营成本降低的效益分析

人们通常习惯按下列公式来衡量运行成本降低的效益：

效益值 = 正常周转量 × （旧路单位成本 - 新路单位成本）

这种衡量方式存在以下弊端：

①单位成本的计量单位是千人公里或千吨公里，影响单位成本高低的因素不仅有车辆运行过程中的耗费，还有管理水平的高低。

②在现行管理体制上公路运输企业所提供的运输成本资料已无法直接作为衡量运行成本降低效益的依据。受道路水平影响较大的轮胎费、车辆大修费、车辆折旧费等都很难通过运输成本数据的变动来体现其降低的效益。

③车辆通行费是按车公里确定收费标准的，而单位成本则是运输运行成本在周转量上的平均化，所以无法直接根据成本的降低来判断收费标准是否合理。

相关人员应科学分析影响车辆运行成本的因素，并在确定各因素变动对车辆运行成本影响程度的基础上进一步合理地衡量运行成本降低的效益。

车辆的运行速度对运行成本中的燃料成本高低有重要的影响，影响车辆运行速度的主要因素是道路的技术等级。由于不同技术等级的公路在设计上对路面平整度、坡度、曲线半径等有不同的要求，公路的技术等级越高，车速也越快。因此，可以用运行成本与均匀车速关系的数学模式来进一步科学地分析车速和公路技术等级变动对车辆运行成本的影响。路面条件影响的是车辆运行时需克服的摩擦阻力，从而进一步制约运行成本的高低。受路面条件影响的运行成本有燃料成本、轮胎成本、维修成本、折旧成本等。其中，燃料成本、小修成本等受路面条件影响较为显著；而中、大修成本和折旧成本等受路面条件的影响在短期内难以体现出来，这使得实行短期单车承包或租赁经营责任制的驾驶人难以理解或体会这些成本降低的效益。由于高速公路一般具有较优良的路面条件（水泥或沥青混凝土路面），所以高速公路对降低运行成本一般具有双重影响。

采用抽样调查、技术测定、专家评价等方法来分别测定由公路等级、路面条件等变动对车辆运行成本中相关成本项目的影响。需注意的是，这些测定的不是某一车型的运行成本，而是某类车型的平均运行成本，所以测定车辆运行成本的工作需在根据收费的特定要求将车辆科学分类的基础上进行。

在具体工作中，人们更倾向于分析提高道路等级对平均运行成本的影响而不是对运行成本中各有关成本项目的影响。除了收集后者的有关数据难度更大以外，专家们认为公路使用者对运行成本变动的总体印象也许比对某一成本项目变动的印象更接近于事实。根据部分国家统计资料表明，高速公路上车辆的运行成本一般可比普通公路降低 30% 左右；来自我国沈大高速公路的有关数据表明，与其平行的国道 202 线相比，高速公路的客货运输成本在 1993 年分别降低 40.4% 和 32.8%；来自沪宁高速公路工程可行性研究报告中的有关数据表明，由于车速提高等综合因素的影响，高速公路可获得运行成本降低 37.5% 的效益。所以按平均降低运行成本 30% 来估计高速公路降低运行成本的效益具有较强的合理性和说服力。

二、运输时间节约的效益分析

运行时间节约效益是公路建设基础上级差效益的重要组成部分。在社会主义市场经济体制下，追求时间节约的效益是高等级收费公路的服务宗旨之一。大多数高速公路均具有可观的运行时间节约效益。正确地评价运行时间节约效益对收费标准的制定具有重要的影响。

运行时间节约效益由货运时间节约效益和客运时间节约效益构成。与此不同，在分析影响收费标准的公路级差效益构成中，只考虑驾驶人和旅客的运行时间节约效益。缩短货物在途时间确实对货主有利，但目前尚不具备开展快捷货运业务的主客观条件，因而还无法因提前完成货运业务而要求货主多付费。所以，货车驾驶人能体会到的只是自身因运行时间节约所获得的效益。

运行时间节约能使客、货车驾驶人和每一名旅客获益。按照我国现行有关规定，车辆通行费可由乘客分担，那么可以认为，载客能力越强，客车可能获得的运行时间节约效益也就越高，允许收费标准变动的空间也就越大。所以，如果客车单独分类，可根据其级差效益确定较高的收费系数。

在我国现行收费实践中，绝大多数收费公路实行将客货车综合分类的做法。由于货车只考虑运行时间节约对驾驶员的影响，按照稳健原则，这一做法同样适用于客车。虽然这样做将低估客车所获得的时间节约效益，但在现行单位时间价值不高的情况下，并不会对收费标准的确定产生实质性的影响。在具体工作中，可根据对单位时间价值额的估计适当提高客车的类别。

在实践中，一般可采取以下三种方法来确定单位时间价值。

(一) 生产法

持生产法观点的人们认为，公路使用者可以利用节约出来的在途时间从事新的运输生产活动，包括联系客货源、组织运输，在原有运输工具不增加的前提下，通过增加营运次数来增加利润，提高运输劳动生产率。因此，单位时间价值取决于平均单车公里净利、全程节约时间、在收费公路上的运行速度，以及时间利用系数。

(二) 产值法

持产值法观点的人们认为，公路使用者可以利用节约出来的在途时间从事新的运输生产活动，也可以从事其他获利性经营活动或创收活动，所以单位时间价值更多地受该地区人均国民收入或国民生产总值的影响，而不是仅受某种经营活动的影响。

(三) 费用法

采用费用法的理论依据是时间节约的效益取决于旅客或驾驶人为节约在途时间支付货币的意愿。

高速公路具有明显的运行时间节约效益，这是无可置疑的。但要将此效益货币量化，并取得令众人信服的评价结果，却并非易事。由于不同的公路使用者具有不同的时间利用效率，利用节约的运行时间从事的是获利高低不等的不同经营或创收活动，人们为增加休闲时间而支付货币的意愿也存在较大的差异，所以量化有较大的难度，也难以完全避免判断上的主观随意性。因此，正确、客观地理解运行时间节约效益是非常必要的。

三、运输里程缩短的效益分析

高速公路的路线设计一般对道路坡度、转弯半径等有特殊的要求，以适应车辆行驶需要。因此，相对于公路而言，高速公路往往可以在一定程度上缩短公路里程，缩短运输里程可为车主带来可观的成本降低效益。

四、道路级差的效益分析

道路级差效益构成中最主要的是运行成本降低效益、运输里程缩短效益和运行时间节约效益。除此以外，公路使用者还能获得其他效益，如减少货损效益、降低事故发生效益、减少交通拥挤效益等。

道路级差效益的衡量可借助下列公式进行：

$$B=B_1+B_2+B_3$$

如果收费公路的平行竞争公路也征收车辆通行费，那么级差效益的公式可改写为：

$$B=B_1+B_2+B_3+F$$

式中：F——平行竞争公路或原有公路同程征收的车辆通行费，元。

第三节　交通量调查与养护成本

一、国道交通量调查

(一) 国道网交通量和行驶量持续增长

2006年全国国道网年平均日交通量达 9 939 辆（当量标准为小客车，下同），比 2005 年增长 2.7%。全年国道网车流量较大的地区主要集中在京津地区、上海、江苏、浙江、广东，上述地区国道网的年平均日交通量均超过 2 万辆。2006 年全国国道网年平均行驶量为 132 773 万车公里/日（当量标准为小客车，下同），比 2005 年增长 3.5%。

(二) 国道网交通拥挤程度持续下降

2006 年全国国道网年平均交通拥挤度为 0.4，比 2005 年降低 7.8%。北京、天津、上海、广东、海南、云南等省市国道相对拥挤，上述省市国道年平均拥挤度均超过 0.6，其中北京和云南平均拥挤度超过 0.8。2006 年全国国道主干线年平均日交通量达 15 203 辆/日，比 2005 年增长 9.1%，年平均行驶量为 48 969 万车公里/日，同比增长 10.3%；全国高速公路年平均日交通量为 1 599 辆/日，比 2005 年增长 4.3%，年平均行驶量为 72 438 万车公里/日，比 2005 年增长 7.8%。

2006 年底，全国拥有国道交通量观测站点 4 231 个，其中连续式观测站点有 405 个，间隙式及其他观测站点有 3 826 个，观测里程为 10.83 万公里，占国道总里程的 81.2%。

二、高速公路养护成本管理及其意义

(一) 高速公路养护成本的组成及特点

高速公路养护是对公路及其附属设施进行预防保养和修补，使之经常保持完好状态，包括路基、路面、桥梁、涵洞、隧道、标志标线、绿化等方面的保养和维修。

高速公路养护成本是指养护施工过程中所耗费的活劳动和物化劳动的价值总和，由直接费和施工管理费两大类组成。直接费构成养护工程成本，包括人工费、材料费、机械使用费和其他直接费。施工管理费是为组织和管理建筑工程施工所发生的各项管理费用。

由于高速公路建设标准高、养护范围广、材料选用标准较高、机械规模及使用比例较大、施工程序复杂，且保护措施较全、现代化设施较多等，使高速公路养护管理的成本要比一般公路高出很多。养护成本作为反映公路养护单位经营管理工作的一个综合性指标，在社会主义市场经济体制下，必须要逐步加强公路养护成本管理，提高效益。高速公路的养护投入换来的是道路及设施的长久完好、服务水平的不断提高、通行费收益和社会效益的双重回报。

(二) 高速公路养护成本管理的意义

现存的养护模式缺乏科学性、预防性、经济性，无法及时做出正确的养护决策和养护规划，只能做一个主观性较强的简易养护计划，针对性、预见性、效益性很难量化，使养护处于被动状态，通常是产生问题才予以解决，这导致了公路养护成本过高，影响了高速公路养护事业的健康发展。因此，加强高速公路养护成本管理是社会化大生产的需要，市场竞争的需要，提高经济效益的需要。科学管理也是生产力，高速公路养护单位要不断地研究新问题，采取新方法，才能取得最佳效益，在市场经济竞争的大潮中立于不败之地。

三、加强高速公路养护成本管理的途径及方法

(一) 做好科学的预测分析，为成本管理提供依据

高速公路养护成本的合理预测是高速公路运营管理的一项重要内容，然而由于自然、技术、人力等多种可变因素不同程度地影响着高速公路的养护成本，使预测难度较大。传统的成本预测可通过时间序列法或趋势图法进行预算，还可以采用回归分析方法将公路养护的工、料、机消耗或直接费消耗设为因变量，把降雨量、路面宽度、厚度、桥涵长度、通行量等影响因素设为变量，建立线性回归模型来对公路养护成本做出预测。

上述传统的预测分析应用较为广泛，但也存在一系列的不足之处。主要原因在于其预测结果会受各种复杂因素的影响，如养护管理体制的改变、养护管理方案的不同、养护技术的进步等。

高速公路养护成本的科学预测是进行成本管理的基础。只有在得到较为准确的养护成本预测数据以及概率之后，才可以根据实际情况选择最优的公路养护方案，从而达到先于养护之前控制成本的效果，减轻后续成本管理的压力。

(二) 成本管理的规范化、制度化

根据国外先进的高速公路养护成本管理经验来看，养护成本管理必须随养护管理一同规范化、制度化。各级管理部门应明确责任，立法确定养护管理体制和养护职责。成本管理采用先进的管理技术方法，管理职能突出，管理部门人员精简。成本管理贯穿整个养护管理的全过程，包括成本预测、选择养护方案、实时监督成本情况，提出对养护方案的改进建议，以及根据最终结果相应改善养护的具体环节，以求全面降低养护成本。

由于我国高速公路养护成本管理还存在很多不足，诸如未能落实养护成本的系统化管理以及养护科学化欠缺，将影响养护成本的规范化和制度化。

四、我国高速公路养护成本管理的建议

(一) 合理确定养护成本，制定养护预见性决策

成本控制的第一步就是要进行成本的事先管理，即确定计划（目标）成本，企业可以依此进行控制。为了合理地确定目标成本控制数，应从批准预算中把独立提取的有关费用和目标利润先扣出来，然后计算施工成本控制数。由于高速公路施工的特殊性，中间成本很难计算准确，有目标、有计划地组织养护工作就可以较好地克服工程中的成本失控问题。确定合理的养护成本之后，就可以制定相应的预见性决策和养护定额，养护定额是计算养护费用、提高养护工效、降低养护成本的重要因素之一。另外，还需要确定相对准确的日常养护和小修工程的数量以及合理的养护周期。养护工程数量和养护定额构成了计算养护成本的根本依据，缺少任何一个因素都没有办法准确地计算出养护成本，也就没有办法提高养护工效。

(二) 加大养护技术的研究力度，重视人才培养

用先进的技术、工艺和材料替代原有的路用材料和施工工艺，可以改善和提高路面的使用性能，延长使用寿命，降低养护工作的压力。另外，一些新出现的材料和工艺可以加快养护速度、提高养护质量并降低养护成本。对这些新材料和新工艺的研究必须给予足够的重视，具体做法是通过给基层单位提供专用资金用于新技术的研制，并联合高校和研究所，加强自主创新能力，将新材料、新设备、新工艺运用到实际的养护工作中。

目前改善养护技术落后的状况除了大力采用新工艺之外，还需重视技术人才的培养。

除了基层养护段开展力所能及的业务培训、技术比拼等活动外，上级部门应当做的工作还有很多，如健全专业工程技术人才培养机制、理顺疏通专业人才分配渠道、设立专门机械设备工艺训练班等。

(三) 建立预防性养护系统

对于路面养护和维修的关系，长期以来人们总是习惯于等到路面开始出现损坏后，才想起要对它进行维修，而对于路面进行预防性养护的意义则往往认识不足。预防性养护实质上是一种周期性的强制保养措施，它并不考虑路面是否已经有了某种损坏。

预防性养护的最佳实施时机应该是在路面尚处于良好状况，或者只有某些病害先兆时进行。虽然预防性养护需要投入一些费用，但它是一种费用效益比非常良好的养护。通过调查统计，每投入 1 元预防性养护资金可节约 3~10 元矫正性养护资

金。可见，建立预防性养护系统对于降低高速公路养护成本具有重要意义。

(四) 加快高速公路信息化建设

通过高速公路信息化建设，建立快捷的养护集成网络，能从根本上突破和改变传统的高速公路管理方式和手段，加速高速公路的现代化和公路管理的科学化。充分利用现有的数据和资料建立适合公路状况的公路养护集成系统，整个系统可以由公路路网地理信息管理、路况数据库管理、路面养护管理、桥梁养护管理、养护计划资金管理、养护工程管理、养护工程造价及养护设备管理、养护管理办法网等多个子系统组成，各子系统能相对独立，同时支持系统之间的数据资源共享，使各系统有机地协调工作。

另外，信息化系统的关键在于适时的数据更新，以保证其实效性。高速公路网络化管理势在必行，这符合当前国际交通运输发展的方向，有利于充分发挥高速公路的效益，有利于带动交通运输产业的发展，有利于有效公正地解决多元化投资所带来的收益分配问题，能极大地促进高速公路运营服务质量。加快实施高速公路数据库的数据采集和更新是信息化管理的重要职责，以保证数据的全面性和权威性，真正发挥信息服务的优势，从而极大地提高成本管理效率。

第四章

公路隧道运营安全

第一节　公路隧道运营安全概述

一、公路隧道运营安全问题的提出

新中国成立以来在 1980—1990 年间经历了第一轮交通建设浪潮，于 1998 年至 2007 年我国高速公路建设事业再次掀起了新一轮建设浪潮，当前高速公路建设里程依然保持着平稳增长的趋势。大量的高速公路隧道在此期间涌现，使得已建成高速公路隧道在运营阶段事故频发的问题日益凸显，毫无疑问在不久的将来高速公路运营的安全问题必将成为工程界共同关注的焦点。在高速公路组成中隧道具有交通容量有限、内部空间封闭、环境单调等特性，一旦发生交通运输突发事件，其交通事故灾害性扩展迅猛、营救与逃生困难。因此，需对高速公路隧道进行安全评价，以期为健全其安全性能提供理论支撑，以确保高速公路隧道运行时的安全。

由于基础建设投资的进一步增大，近年来我国高速公路隧道建设速度发展迅速，截至 2015 年初，全国已建成运营的高速公路隧道共计近 1.24 万座，约 1.1 万千米，其中特长隧道 626 处、2 766.2 千米；长隧道 2 623 处、4 475.4 千米。进入 21 世纪以来，公路隧道年均增长率高达 20%，随着公路隧道建设速度的迅猛发展，各类隧道事故也频繁出现。对于特长隧道及长隧道，其交通运营安全问题更为严峻，群死群伤、连环交通事故、次生灾害难以消除等情况时有发生，如何有效预防和解决公路隧道在运营期间发生的突发事件及提出有效减损减灾的措施成为众多科研学者重要的研究课题。

公路隧道发生交通事故的比例要远高于铁路隧道，这与公路隧道运营环境的独特性有关。2014 年 3 月山西晋济高速公路发生一起特大隧道交通事故，事故原因是两辆甲醇车辆相撞引起燃爆，造成 31 人死亡、9 人失踪、42 辆车毁坏。2015 年 9 月广河高速公路隧道发生一起六车连环相撞、两车起火的交通事故，事故原因是最前一辆车抛锚停车后后面的车辆连环追尾，其中两车因撞击油箱而发生火灾。2011 年 4 月甘肃高速公路新七里道梁隧道内发生两辆油罐车追尾事故，造成燃烧爆炸，现场直接死亡 4 人，交通设施严重受损，并导致交通瘫痪。据此可知，在高速公路隧道内一旦发生交通事故，其后果极为严重。隧道内事故形式常体现为追尾引发的燃烧爆炸，危险气体罐车是隧道交通安全的重点关注对象，其危险性往往最大。

高速公路隧道运营环境具有一定的封闭性与独特性，运营阶段常见的交通事故形态有汽车追尾、撞壁、相撞、翻车、刮擦以及其他，我国高速公路隧道灾害事故调查数据表明其比例分别为52.5%、19.7%、14.9%、10.1%、1.4%与1.4%。高速公路隧道在运营使用中会造成哪些交通事故，当事故发生后可能造成多大的损失，以及如何有效规避或减小运营隐患从而使公路隧道安全运营处于一个合理可控范围内。上述问题只有通过对现有公路隧道运营现状的综合分析和评价，找出问题产生的原因，采取相应的措施方法，才能有效防止和减少安全事故发生的次数及损失程度。通过对运营公路隧道的安全评价，找出运营公路隧道的潜在风险源、评估其运营状态及风险等级，从而为采取必要的风险响应手段提供一定的决策依据，以维护司乘人员的健康、保障人车安全、确保隧道结构及其附属设施的可靠度、保护环境及防止或降低财产损失。因此，构建合理的公路隧道运营安全评价体系对高速公路隧道运营安全状态与风险等级评定及风险响应有很强的现实意义。

二、公路隧道安全评价方法

在欧洲一些国家专门设置一个机构对公路隧道的风险情况进行评估，并在实践中形成一个安全评价体系与行业标准，称为欧盟隧道安全评价项目（E-TAP），因其权威性成为欧盟国家行业规范，作为公路隧道进行安全性评估与管理时的参考。特茨纳在2005年对E-TAP计划进行了归纳总结，提出了公路隧道安全评价体系的评价因子、权重计算方法及风险等级划分依据，从而完善了隧道安全评价理论体系。

欧洲研究机构组织开展了专门的隧道安全评价，其中隧道安全性评价主要是从隧道结构的可靠度和耐久性两方面开展的，并从隧道结构剩余使用期限预测、防灾设计及社会环境因素的角度，提出了隧道结构可靠度评定与防灾减灾的设计方法。约南等提出了基于概率分析与确定性场景分析两种隧道安全评价方法。

我国对公路隧道安全评价的研究虽然起步较晚，但发展速度较快。近年来比较常用的公路隧道安全评价方法有经验法、统计法与专家评议法。邓聚龙等对公路隧道运营安全评价体系进行了分析，并构建了相应的评估体系与方法。赵峰等对大量公路隧道交通安全事故进行了整理分析，列举了影响安全运营的因素并提出了风险发生概率模型与损失模型。近年来随着国家对安全的重视，交通运输部开始进行公路隧道安全运营评价的研究，并引入了模糊数学、层次比较分析法、德尔菲专家法，建立了隧道运营安全评价体系，并形成了高速公路施工及运营安全管理方面的行业规范，为隧道安全设计及运营安全提供了可行的依据。

目前对公路隧道火灾安全的研究是从火灾事故发生的条件、事故诱因、检测方法、报警系统、衬砌结构火灾损伤规律等领域进行深入研究，并提出了火灾消防、火灾损伤评定、火灾监测与火灾控制、衬砌结构加固等方面的建议。基于国内特长隧道的实际需要以及随着有限元的发展，国内诸多学者采用数值模拟的手段对隧道火灾情况下烟雾流的分散规律、温度场的分布规律以及通风控制技术展开了研究，并提出了相应的处治方案，为应对与防范火灾提出了建议。

三、运营公路隧道灾害形式

由于我国高速公路隧道建设时期不长，对高速公路隧道运营安全的研究还不足，当前隧道安全评价主要集中于设计施工期。但隧道运营安全不容乐观，有些隧道内发生多起交通安全事故，造成了极大的经济损失与社会影响，因此，需对高速公路隧道运营安全进行系统研究，找出其症结并相应地处治，以增加高速公路运营的安全性。运营期公路隧道的主要灾害形式为火灾、车辆追尾、车辆撞击隧道结构、隧道结构掉块等。而这些风险事故的发生必须具有一定的避险环境，如冻害、地震、岩溶、爆炸冲击、洞内通风不良及照明欠缺等，因而常将公路隧道运营风险事件与风险原因一并讨论。

(一) 公路隧道渗漏水

渗漏水是隧道中常见的病害之一，它会劣化衬砌结构的可靠度、危害行车环境，在严寒地区还会产生冻胀及挂冰现象。隧道渗漏水根据部位及流量可分为：拱部有渗水、滴水、线性漏水和成股射流四种，边墙有渗水、淌水两种，少数隧道有涌水病害。受漏水、涌水规模以及隧道结构、牵引类型、地质条件等的影响，隧道渗漏水主要来源于地下水（潜水、岩溶水等）补给与地表水（雨水、地表径流）补给两种方式。地下水的补给相对比较稳定，受四季的影响不大。而地表水补给与降雨量有着密切的关系，一般在雨季补给量比较大，而冬季则比较少。一般来说，隧道发生渗漏水是由多种补给水源相互交叉影响的，因而公路隧道渗漏水的形态与形成原因也是多种多样的。

(二) 隧道衬砌结构劣化

隧道衬砌结构劣化主要体现在出现裂纹、露筋、鼓包等，当其发展到一定程度时即可表明该隧道结构处于不稳定状态，需采取某些措施对该隧道进行维修加固。隧道衬砌结构出现裂纹是最为常见的病害现象之一，衬砌出现裂纹的原因较多，主要有结构受力、混凝土收缩徐变等。因裂纹产生并进一步拓展后结构内钢筋接触到大气中的水发生氧化反应，从而加速了隧道衬砌结构的不可靠度。通过对隧道衬砌结构劣化的原因分析，可及时有针对性地对隧道结构进行维修与加固，使之满足高速公路运营安全的要求。

(三) 隧道内火灾

运营隧道内发生的火灾具有较大的危害性且难以营救，一般公路隧道为单向，特别是长隧道，一旦发生火灾将引起次生交通灾害。运营隧道火灾的研究主要集中在火灾隧道烟气温度场及其分布形式、火灾燃烧特性、火灾状态下隧道内司乘人员的疏散方式、火灾模式下通风与控制技术等方面。

(四) 照明、通风系统不良

在隧道照明方面许多国家和组织都进行了多项研究，并形成了符合本国实际情况的隧道照明规范，使得隧道照明的设计和施工规范，以减少隧道交通安全事故的发生。发达国家对照明系统的研究相对较为深入，将照明设施及相关研究理论引入公路隧道运营管理中，以提高公路隧道的安全性能。

中国第一部《公路隧道通风照明设计规范》于2000年开始实施，该规范具有较大的管理标准参考性与执行强制性，标志着我国公路隧道管理的新纪元。这部规范主要强调的是照明系统单位、照明灯布设原则与安置方法、灯具选择及强度控制等。该规范对改建隧道与新建隧道的照明设计提出了相应的标准。

但当前我国公路隧道照明设计存在一定的欠缺，对隧道洞口线形、行车视距、桥隧结合部与安全行车等方面设计很少。事实上公路隧道进出口的视觉连续性对交通安全有着较大的关系。若没有充分考虑不同地理条件、不同气候条件下隧道进出口的照明对驾驶员视觉的影响，则可能引起交通事故。

四、运营安全管理技术

高速公路隧道运营安全管理技术在欧盟研究得比较早且系统，在2001年即投入一千多万欧元进行专项研究，同时学术界增大了对安全管理的人才投入，之后欧盟社会保障部再次提供资金加大研究力度。其主要研究内容为对高速公路隧道安全管理技术的理论分析、实验分析及工程论证，并出版了隧道安全运营管理手册，对达到一定长度的隧道应将安全管理责任到人。欧盟特别注重已建隧道安全状况对新建隧道安全的反馈，力争在设计与施工时充分考虑隧道在运营期的安全要求，并提出了隧道安全运营的设计施工方法。

当前对高速公路隧道运营管理主要采用现代化技术，通过设置监控设备实时掌握公路隧道的安全状况，通过电脑输出结果供管理员分析与决策。公路隧道事件监测主要分为两个部分，即火灾监测预警系统和突发事件监测系统。公路隧道突发事件监测系统采用图像处理技术、雷达波检测技术、电磁感应技术等来评估隧道的安全状况，并通过采用必要的手段进行维修加固及处治，使公路隧道的运营安全性能符合要求。

五、隧道安全管理研究现状

随着隧道安全管理的重要性和必要性受到越来越多的关注，国内外对于隧道安全管理的研究也逐渐增多，并且取得了一些卓有实效的成果，为改善隧道的安全运营提供了很大的帮助。但由于隧道的特殊性，导致这些成果仍然存在一些问题与不足。

①未按公路隧道运营安全规范进行设防等级设计，且公路隧道运营安全评价大多采用静态的、定性的评价方法，未能达到全面综合、动静结合、定量与定性相统一；

②安全评定内容局限于隧道的设计与施工等运营前阶段，未能制定出针对运营期间的安全评价体系；

③目前针对隧道的安全管理研究主要集中在问题产生后的解决办法研究，缺少对预防性措施的研究，这使得隧道安全管理处于一个被动解决问题的阶段，无法通过前期预防措施的实施避免运营期间可能产生的问题。

第二节　高速公路隧道运营安全影响因素分析

高速公路隧道是一个由驾驶员、车辆、隧道三个要素构成的"人—机—环境"复杂系统，其运营的安全状态受多个要素共同决定。具体而言，高速公路隧道安全系统包含隧道结构健康度、安全设施、行车环境与管理水平等几个方面。通过对高速公路隧道运营状态进行安全评估，可找出其中的风险源与风险等级，为风险响应提供技术标准。由于高速公路隧道运营安全受多个因素共同影响，为定量获得其安全状况，需进行适当的简化。但为了使评价模型具有较好的适用性，需要采用多个隧道运营安全为范例，通过案例法得到影响高速公路隧道运营安全的各个因素，从而科学合理地评价。高速公路隧道运营安全涉及隧道工程、管理工程、交通工程、环境工程、机电工程等多门学科，影响因素繁多，且这些因素具有错综的关系。各个因素对隧道安全评价总体的结果影响程度不一，若要对诸多因素逐一进行调查、分析和评价是不可能的，也没有必要，因此需要抓大放小，具体问题具体分析，根据影响高速公路隧道运营安全的主要矛盾选择对高速公路隧道安全影响比较大且有直接关系的因素来分析。

一、隧道衬砌及围岩

高速公路隧道结构健康度反映了隧道结构损伤或破损状态，因此可以采用公路隧道的结构破损形态作为公路隧道健康度指标体系的候选指标。隧道围岩在受到外界影响时若出现软化、流失等情况，将影响衬砌的受力情况与衬砌结构的可靠度。采用地质雷达检测隧道台背空洞，从而了解隧道围岩状况；隧道衬砌变形可采用激光扫描器进行检测，强度可以采用回弹仪检测或通过钻孔取芯将芯样取回实验室进行试验分析。通过这些手段获取衬砌与围岩的状况，从而为隧道运营安全提供理论支撑。公路隧道的衬砌与围岩状况是公路隧道安全运营的保障，在公路隧道运营安全评价过程中可借助某些监测仪器实现评价过程的量化。

（一）衬砌裂缝

衬砌裂缝是隧道可靠度的外观体现，隧道衬砌出现裂缝表明其结构出现损伤，裂缝的存在将进一步劣化隧道结构的可靠度。隧道衬砌混凝土裂缝根据其形成条件可分为：干缩裂缝、温度裂缝、荷载变形裂缝、施工缝（接茬缝）等。

1. 干缩裂缝

混凝土成型后在硬化过程中水分散失，而使水泥中的凝结胶体干燥收缩产生变形，受围岩和模板的约束，变形时产生应力，其值大于混凝土的受力强度便生出裂缝，这种类型的裂缝称为干缩裂缝。干缩裂缝一般体现在隧道衬砌混凝土结构的表面，很容易被人眼识别，且干缩裂缝一般没有明显的分布规律。混凝土干缩裂缝的主要影响因素为水泥品种、水灰比、级配和掺量等。为减少衬砌的干缩裂缝的产生，在设计与施工时应根据其产生机理采取必要的手段，如控制水灰比及选择合适的级配，在公路隧道衬砌设计施工时应采用规定的方法并选择适当的掺加剂如减水剂等。

2. 温度裂缝

水泥在水化过程中产生大量的热，混凝土内部和表面温度不同而产生应力，当温度应力超过混凝土内外的约束力时，就会产生温度裂缝。这种温度裂缝与养护温度有关，一般而言裂缝宽度为冬季较宽而夏季较窄，因此需采取控制保养温度的方法来控制温度裂缝。同时考虑到温度裂缝与衬砌混凝土的厚度及水泥的品种、用量有关，因而需进行温度控制，常采用的方法有在混凝土中掺入冰块。对于大体积混凝土浇筑，还需埋置温度传感器以监测混凝土硬化过程中的温度变化，防止混凝土衬砌产生的温度裂缝威胁公路隧道的施工与运营安全。

3. 荷载变形裂缝

高速公路隧道荷载变形裂缝在公路隧道中也较为常见，它本质上是施工时的后遗症。由于隧道的仰拱和边墙基础的虚渣未清除就浇筑混凝土，在衬砌形成通车后基底产生不均匀沉降，从而产生荷载变形裂缝。另一种产生荷载变形裂缝的情况是在施工时模板台车不够牢固或者在混凝土早凝期间内过早脱模，在施工时受到外力作用而产生变形裂缝。一般而言在隧道衬砌终凝后产生荷载变形裂缝的情况比较小，但也有可能出现，如在长期滑坡推力作用下易产生变形裂缝。荷载变形裂缝在隧道病害中是有较大影响的。

4. 施工缝（接茬缝）

隧道常采用新奥法开挖方式，在开挖一段后立即采用喷锚支护进行加固，由于隧道衬砌浇筑的不连续性在每一施工段均会留下施工缝。因不可避免原因而迫使停工使得再次浇筑混凝土时已经超过了其初凝时间，在其上面继续浇筑新的混凝土时因黏结力不够而产生裂缝，或在原混凝土结构上没凿毛或凿毛后未清理也会在新旧混凝土结构的接茬处引起裂缝的产生，此类裂缝统称为接茬缝。

(二) 渗漏水

高速公路隧道渗漏水表明了隧道衬砌处于不利的环境之中。若渗漏水具有强酸性时，则会影响混凝土的炭化及内部钢筋的锈蚀，从而降低了衬砌结构的正常使用极限状态。因此，在检测隧道渗漏水时除需掌握其渗漏水量及分布形式外，还应对渗漏水的酸碱度进行检测，一般采用pH试纸简易测定。如果冬季渗漏水冻结，就会造成拱部挂冰、路面结冰等情况，妨碍交通安全。在寒冷地区，如果衬砌背后的围岩冻结就会产生冻胀力，使隧道衬砌受力增大且为非均匀受力。在温度降低至冰点以下时，围岩及衬砌裂缝中的水变成冰引起体积膨胀，在冻胀性的围岩中固态水体积增加，极易在拱顶附近造成衬砌冻胀开裂，或造成混凝土骨料胀出、砂浆及混凝土剥落等。

根据隧道渗漏水表现分为点渗漏、缝渗漏与面渗漏；根据其渗漏水量的不同，又分为慢渗漏水和快渗漏水。在高速公路隧道运营管理检查中一旦发现渗漏水情况比较严重时，应组织专业技术人员对渗漏水灾害进行分析评价，并采取一定的方式进行封漏堵。

(三) 围岩劣化情况

根据我国有关公路隧道养护技术规范的规定，采用有效厚度与设计厚度之比作为衬砌劣化的一个评价指标。因而在当前公路隧道调查和检测工作中，采用地质雷达检测隧道衬砌的实际厚度，使之与设计厚度相比较。隧道围岩的劣化可以影响隧道衬砌的受力特性进而影响其安全性能。

隧道围岩受到外界影响（如地震、降雨入渗、溶蚀作用等）可能导致隧道围岩临空或水土流失，主要体现在围岩处出现溶腔、围岩分化严重、岩体力学性质降低、隧道边仰坡出现滑坡现象等。因此，需采取有效措施确保围岩的稳定性，常采用的方法有护坡、溶洞开挖回填处理、锚杆注浆等。

二、隧道内机电与信息系统

(一) 供电系统

为应对突发事件，高速公路隧道供电一般情况下有外电源和自备电源。当外电源供电出现问题时自备发电机组立即响应，输出供照明、通车、监控所用电。变电所内和隧道内的所有电气设备外壳、金属管路等都应与接地网可靠联结，构成等电位接地系统。接地电阻是接地体的流散电阻、接地线电阻和接地体电阻的总和。对于防雷和过电压保护的接地装置需要计算冲击接地电阻。

(二) 通风系统

隧道通风方式的选择主要考虑隧道的长度、通过隧道的交通量、隧道的平曲线半径和纵坡以及隧道内轮廓面积等，同时还要考虑地形条件等因素。

在隧道内行车车辆产生的交通风也是不可避免的，车辆带动空气沿隧道流动类似活塞作用，故也称活塞风。交通风的大小由交通通风风力决定，交通通风力是车辆活塞作用的压差，故也叫交通风压。

隧道内的纵向通风有多种形式，如射流式通风、有竖井的纵向通风等。射流式通风机具有体积小、风量大的特点，喷射风速为 $25\sim30m/s$。射流式通风是在车道空间上方直接吊设射流式通风机，按稀释柴油机烟雾排放量或按稀释 CO 浓度计算需风量，并按照纵向通风压力计算风机数。

(三) 监控系统

高速公路隧道监控系统的主要功能是在第一时间内发现灾情和事故，对事故进行录像，为分析事故原因提供资料；监视系统同时具有确定报警信号的功能，可及时掌握事故发生的位置、严重情况、时间从而保障高速公路隧道运行安全。监控系统也可将监视图像发送至交通部门，协助管理、处治肇事车辆，为后期公路隧道安全管理提供保障。

1. 隧道监控系统的构成

①在隧道口两头各设摄像机，同时配有云台、防护罩和解码器，时刻监视公路隧道内的运营情况。

②隧道洞内设定焦距的摄像机，同时配有自动光圈以监视隧道设备及其运行状态。

③隧道监控系统在中控室由控制台、微处理器等构成。

2. 摄像机的布设

隧道内摄像机的设置要使主要监视对象（应急电话、消火栓、报警按钮等）处于摄像机观察的最佳位置。隧道内摄像机的设置以在全区间内全面辐射为目的，从而确定透镜的规格和配置位置及间隔。

3. 远程监控功能的实现

网络视频服务器是第三代全数字远程视频监控的核心设备，可完成模拟视频图像数字采集、图像处理、监测数据处理以及报警信号的收集。它采用与以往不同的网络传输方式，实现远程传输和监测。

(四) 诱导及控制系统

隧道内交通诱导及控制系统是高速公路安全保障体系的一个子系统，设置的主要目的是为隧道内司机正常行驶及司乘人员在必要时的逃生提供诱导信息，同时控制系统主要为调风系统，以保障隧道的通行能力。

随着物联网及信息技术的发展，当前公路隧道开始普遍应用智能诱导及控制装置，通过监测元件获取公路隧道运营安全状况，通过数据分析做出即时响应，如公路隧道智能照明控制系统、智能通风控制系统等。

三、行车环境

(一) 行车人及车辆

一般在分析交通运营突发事件中人的影响时，包括高速公路隧道内全部的在场者，如司乘、管理员及行人等。由于高速公路隧道具有全线封闭的特点，特别是对于长隧道、特长隧道而言基本可消除行人、非机动车辆对交通过程的干扰。因此，在分析高速公路隧道运营安全状况时，人的因素分析主要是对驾驶员交通行为的分析。

驾驶员在高速公路隧道安全事故中起主导作用，一般而言大多数交通事故是由驾驶员造成的，也是可以避免的。造成驾驶员发生交通事故的原因很多，其中操作失误是基本原因，是由驾驶员对外界条件的适应能力与行车环境不匹配而形成的矛盾，这使得驾驶员在高速公路隧道环境中容易出现各种失误。此外，在高速公路隧道内行驶，由于其特别的行车环境，驾驶人往往会有恐怖、烦躁以及压抑的感觉，这些不良的心理反应也很会引起驾驶人心理波动过大、对信息的理解分析错误并出现操作失误，进而诱发交通事故。高速公路隧道影响驾驶员的因素有驾驶员视觉特性以及对隧道设施使用不当、照明强度不够、隧道内杂音过大、空气污染以及隧道内设施不完善等。

车辆的制动性能主要包括制动恒定性与车辆在行驶过程中的平稳性。操作性是指车辆对驾驶员的控制命令做出反应的能力，稳定性是指在外界不利影响条件下维持车辆持续平稳行驶的能力，这两种性能统称为车辆操作稳定性。公路隧道交通中突然发生的爆胎现象及失灵现象与路面条件、轮胎质量、车速、车辆负荷和轮胎压力相关。因此，驾驶员应定期检查车辆并及时维护，确保车辆的安全性能。

(二) 交通安全设施

在高速公路隧道的合适地方设置交通标志线等提示设施，可对驾驶员起一定的安全提示作用。隧道标志应在进隧道前1 000m或500m处设置预告标志牌，标志牌包括禁止非机动车辆和行人通行标志牌，禁止载有危险物品的车辆通行标志牌，禁止超车、停车标志牌和限速、限高标志牌。隧道内的标志牌主要有紧急停车带标志牌、紧急电话指示标志牌和行车横通道指示标志牌等。标志牌上的文字应简洁明了，需要根据视觉特性等科学地设置字体的大小、颜色等。另外，标志牌的设置位置应高低适中，使驾驶员能够比较方便、容易地看到，这样才会起到警示、提示的作用。标线主要有车道标志线、横通道指示标志线及洞外车辆掉头标志线等。行车道标志线为禁止超车的实线并应能够诱导车辆安全行驶。在隧道两侧边墙安装红、黄色反光轮廓标，以对驾驶员起指示提示作用。

减速带的作用是通过车辆产生的颠簸不舒适感提示驾驶员适当减速，路肩隆声带的作用是通过车辆通过时产生的振动与声响提示司机减速或纠正行车行为。路肩隆声带的凹凸设计应进行安全论证，不可盲目地追求过高的隆声带，以免对车辆产生不利的冲击并影响车辆的使用性能，同时产生交通安全隐患。因此，减速带隆声带应合理设计，科学使用，以起到应有的作用。路肩减速隆声带是由凹槽状单元组成的，当机动车行驶到路肩的隆声带时，通过产生噪声与振动颠簸感提醒驾驶员减速或调整车辆方向等行为，从而避免发生偏离道路的交通事故。另外，凹凸型路肩隆声带可以有效减少疲劳驾驶。

(三) 交通环境

高速公路采取全线封闭、全立交等一系列安全措施，排除了行人、非机动车辆对交通过程的干扰，但是混合车流的存在对行车安全也产生一定的影响。混合车流是我国高速公路的基本特征，在混流下车型的组成与车速呈明显的随机性。同时混流车的尺寸和动力特性的差异造成车流量出现无序状态，从而增加交通安全事故发生的可能性。

当大型车不能与小型车保持紧随状态的情况下，就会出现车流紊乱现象。即在交通流中形成的许多车辆间的大空隙也难于由超车运行来填补，这就产生了道路空间在使用上的无效，这种空间损失随车型比例的变化而变化。这种不稳定的交通组成严重干扰了有序的交通流，同时大型车会遮挡紧随其后行驶的小型车驾驶人的视距，容易导致交通事故的发生。当交通组成中货车比例增加时，因动力性能存在差异，导致车速分布更为离散，车速方差变大，进一步加大了交通事故发生的概率。交通量与交通流饱和度直接相关，而交通流饱和度影响交通事故的频率和严重程度。一旦在交通密度较大的情况下发生交通事故，其损失量将成倍增加。因此，交通事故与交通量的大小有密切关系。

隧道内各段的光线强度有所不同，发生的交通事故也呈明显的地段差异性，因此，需采用辅助照明的方式进行光线补给。考虑白天和晚上、洞口内与洞口外的光线强度差不同，夜间照明主要是加强洞口外的照明条件，以达到行车线上各照度点的平稳过渡，保证行车安全。同时为增加驾驶员的行驶舒适感，可以在隧道内增设装饰。

四、公路隧道管理体系

公路隧道作为高速公路的分支，其管理体系遵循管理学的一般原则。通过分析高速公路隧道标准化管理体系的机制，促进公路隧道运营管理安全目标的实现。

(一) 管理机构设置

管理机构及岗位要根据高速公路隧道管理的具体情况科学设置、有效管理。管理机构是公路隧道安全运营管理的左右手，具有直接执行安全管理的职能。管理机构设置的目标是提高安全管理效率，落实管理责任，提高隧道安全管理的人才保障。

当前较多高速公路隧道管理机构设置不够合理，在响应公路隧道应急救援时各部门相互推诿与推卸责任。合理的管理机构可为高速公路隧道运营安全提供管理保障，在突发事件后可迅速应急救援，降低交通安全事故带来的损失。

(二) 管理人才建设

高速公路隧道队伍建设包括思想素质、技术业务水平、心理素质训练等方面。高速公路隧道管理工作岗位具有行业的特殊性，每一个管理人才应具有一定的专业知识储备，应熟练掌握自己的业务技能并经考核合格后方可持证上岗。管理人员也应该在工作中积极拓展自己的高速公路隧道突发事件应变能力和处理突发事件的能力。管理人员需具有相应的理论基础，基本能胜任高速公路隧道安全运营管理的基本工作，及时发现、预测及控制潜在的运营风险，使高速公路隧道在运营期具有足够的安全储备。

(三) 规则制度

将高速公路隧道管理的各项规章制度的制订、修改及完善工作落实到位，并建立以安全运营为核心的整章建制工作，横向到边纵向到底，落实责任到人。高速公路隧道运营安全管理应坚持预防为主、防治结合的原则，并定期进行理论学习，以掌握最新的管理技术与防范新型高速公路隧道安全事故类型，并加强巡检制度，备案记录，将工作经验与同事交流学习。

考虑到高速公路隧道危险品突发事件抢险救灾的复杂性与难度，各国家对危险品车辆通行公路隧道进行了专门规定，主要体现在对危险品车辆的判据及其管控办法。我国《汽车运输危险货物规则》规定："机动车运输爆炸物品、易燃易爆化学物品，应事先经当地公安部门批准，按指定路线、时间、速度行驶。"《危险化学品安全管理条例》规定："通过公路运输危险化学品的车辆不得进入危险化学品运输车辆禁止通行的区域。"《中华人民共和国道路交通安全法》规定："机动车载运爆炸物品、易燃易爆化学物品及剧毒、放射性等危险物品，应当经公安机关批准后，按指定的时间、路线、速度行驶，悬挂警示标志并采取必要的安全措施。"事实上我国高速公路隧道内发生的重大交通安全事故大多是由危险品车辆造成的，煤气、化学物品、爆炸物品等危险品随车辆驶入高速公路隧道内一旦发生事故，后果是极其不利的，会直接造成车辆毁坏、人员伤亡等惨烈后果。危险品通过高速公路隧道应当根据危险品的种类、数量及危险性采取不同的管理方式：①限定车辆通行时间及车道；②保持最小行车间距与车速；③不允许通行；④由引导车护送通行；⑤限定物品种类及物品数量。

(四) 宣传与教育

对高速公路隧道管理人员进行宣传教育，其内容有公路隧道交通法律法规、道德行为、安全管理学及驾驶员交通心理等，形式有集中地点定时培训辅导、互联网网络教学、期刊报纸宣传及讨论商议等。通过对公路隧道安全管理知识的宣传与教育培训，可加强管理人员的专业能力，使其能有效管理高速公路运营，并防范与治理高速公路隧道运营风险。

(五) 应急预案及演练

应急预案是高速公路隧道发生重特大安全事故后的响应办法与准绳，是需要预先制定好的，并需按照公路隧道运营安全管理的要求进行修正。演练是通过对高速公路隧道可能发生事故类型及风险程度采取事前模拟与操练，使管理人员在真实交通事故中具有实战经验。高速公路隧道交通安全事故应急预案及演练的主要内容如下：

①预警预案制度的编制与完善。

②交通事故发生后应立即上报，当情况比较严重时可越级上报，相关领导必须亲赴现场积极指导营救与善后事宜。

③应成立应急预案与应急救援指挥机构，负责统一指挥。

④有关单位或个人应当服从应急救援指挥机构的调度，积极辅助应急救援，以减小交通事故造成的损失。

⑤应急组织机构应设总指挥、副总指挥、现场保护组、抢救组、维护秩序组、后勤组，各司其职并互帮互助。

本部分从高速公路隧道运营现状出发，应用系统工程理论与方法分析了高速公路隧道运营安全影响因素，主要包括隧道衬砌与围岩稳定性、隧道内交通安全设施、公路隧道内行车环境与安全管理体系、隧道结构健康度、机电系统、火灾救援系统和运营效果等，为高速公路隧道运营安全影响因素评价体系的构建夯实了基础。

第三节 高速公路运营安全评价中常用的方法分析

公路隧道在运营一定时间后，受环境的内外因影响，其运营安全状况将进一步劣化。通过公路隧道运营安全评价掌握其安全状况，为风险响应提供理论数据支撑。但因影响公路隧道安全状态的因素较多，完全定量地显示其安全指数显然是不科学的，因此在工程实践中常采用半理论、半经验的方法进行安全评价。主要安全评价方法有层次分析法、模糊数学法、安全模糊区间评价法等。本节将对公路隧道运营安全常采用的评价方法进行分析。

一、公路隧道运营安全评价方法

(一) 层次分析法

层次分析法因其简易操作、层次分明的特点而在进行评估时经常采用。该法由萨蒂教授首次提出，是一种定量与定性相结合的多目标分析方法，主要用于处理通过数字难以定量表达的复杂问题。层次分析法采用化整为零的方式对复杂问题进行分解，从而得到一些分解出的简单问题，然后再根据各问题的重要性进行排序。在此过程中需要分析者的主观判断，也需要辅以相应的定量检验，以验证判断的准确性。这样通过主观与客观相结合的方法获得的决策必然更加科学。其大致有以下几步：首先，确定管理体制及运营效果、机电系统、防火救援系统等因素在评价高速公路隧道运营安全状况这个总目标中占的比例；其次，比较高速公路隧道的衬砌结构围岩的可靠度、安全设施的完备性及运营环境的安全性与安全管理的合理科学性等要素；最后，得到这些高速公路隧道运营安全状况的数据。基于层次分析法进行安全评价的过程如下：

1. 建立递阶层次结构

首先，建立安全评价的目标、建立评价的对象及相应的评价子系统；其次，将评价的子系统按属性的不同分类，以形成不同的层次；最后，将同一层次的元素作为准则，该元素起着承上启下的作用，既支配着下一层又受制于上一层，这种从上到下的支配关系形成了一个递阶层次。处于最上边层次的称为目标层，在安全评价时为高速公路隧道安全运营状况。目标层在安全评价时只设定一个目标元素，一般是分析问题的预定目标或理想结果。而处于中间的层次称为准则层，最后则为指标层。

2. 构造两两比较判断矩阵

在建立递阶层次结构以后，重点是构造比较矩阵加以判断。设上一层的元素 a 作为准则，a 对下一层的元素 x_1, x_2, $\cdots$, x_n 有支配关系，在 a 之下按它们的相对重要性赋予 x_i 相应的权重 ω_i（$i=1$, 2, $\cdots$, n）。比较 n 个元素 x_1, x_2, $\cdots$, x_n 对准则 a 的影响，以确定它们在准则 a 中所占的比例。

3. 矩阵一致性的检验

在对高速公路隧道进行安全评价时受其问题的复杂性影响，评议专家难以准确对评价事件给出量化的数据而仅能进行初步估计或大致判定，因此难以确保判断矩阵的一致性。为了保证应用层次分析法分析得到的结论合理、正确，必须对所构成的判断矩阵进行一致性检验。

(二) 模糊数学法

基于模糊综合评价法的高速公路隧道运营安全性能评价方法是将评价集进行量化从而做出一个总体的评价。它具有结果确切、系统性强的特征，可以很好地解决模糊、难量化问题，适合非确定问题的解决。

1. 模糊评价模型因素集和评价集的建立

层次分析法适用于解决较复杂及模糊的问题。高速公路隧道运营风险评价体系中各指标具有相关联及制约的关系，其应急救援能力评价体系的建模适用于萨蒂教授提出的层次分析法。评价因素集是所评价对象各因子的组合，遵循全面、重点突出与表意清晰的原则。

2. 权重集的建立

评价体系中权值的大小代表高速公路隧道运营安全评价体系中各影响因素对总

的评价结果的影响程度，也称敏感性。权值的取值方法有专家评议法、层次分析法和相对比较法等，为简化计算程序一般采用专家评议法确定权值。权重集的取值是评价中的关键问题之一，务必具有合理性与科学性。

(三) 安全模糊区间评价法

将工程问题转化为数学问题时，受计算参数选取不确定性的影响，采用定值往往无法表达工程实际，因此区间数学理论应运而生。区间数学提供一种考虑各种误差，将评价值以区间数的形式表示可能取值的裕度，从而为现代数值分析提供了一种新的解决思路。基于区间数逻辑语言表达参数的不确定性，对风险评价标准进行模糊化分级，即在数学模型中采用 $[a_1, b_1]$, $[a_2, b_2]$, $\cdots$, $[a_m, b_n]$ 表示不同的等级。

1. 模糊区间向量

根据公路隧道运营安全主要影响因素，对评价对象按高速公路隧道运营安全评价指标进行赋值，记为 $[a_i, b_i]$ ($i=1, 2, 3\cdots$)，从而评价因子的模糊区间向量为 $A_i=[a_1, b_1], [a_2, b_2], \cdots, [a_n, b_n]$。其中可量化的指标尽量进行量化，如渗漏水、有害气体浓度、噪声等。

2. 建立区间模糊矩阵

设 $U=\{U_1, U_2, \cdots, U_m\}$ 是评价因子集，$V=\{V_1, V_2, \cdots, V_n\}$ 是模糊语言评语集。在进行模糊安全区间评价时，S 名公路隧道管理专家（含高校教授、科研院、设计院及高管局等高工）实行对某一因素进行打分，采用百分制，在去掉分数的最大最小值后，将剩余 ($S-2$) 个数据形成正有界区间数 $[a_i^+, a_i^-]$，采用合适的隶属度函数即可得到评语集 V 的隶属度。

3. 计算综合评价分

对一个待评对象而言，其得分越高，表明它的评级越高。基于此在对高速公路隧道运营安全评价时可根据评价对象的得分进行综合比较。

在高速公路隧道安全评价中，不确定性贯穿始终，风险的本质为模糊不确定性，其数值没有一个固定的边界，风险等级的划分也是一个从量变到质变的渐变过程。

二、公路隧道运营安全评价体系的构建

指标体系的确立是安全评价体系的基础和关键，故需从系统工程的角度出发，综合考虑运营阶段中各个危险因子，全面而综合地建立高速公路运营安全综合评价指标体系。评价体系的建立遵循如下三个原则：

①严密性的原则。该原则要求构建的安全评价体系指标的覆盖率较高，不存在漏失，以免影响评价结果的关键要素。

②少而精的原则。评价指标的选取不可能一一罗列,这将影响计算的难度且对评价结果影响不大,指标的选取应当具有针对性。

③重点突出的原则。评定指标的选取应重点突出,抓住主要矛盾,重点解构,重点因素的权重值也应增加。

第四节　工程应用研究

一、工程概况

西部某在役公路隧道是一条双洞单向隧道,设计行车速度为80千米/时,位于崇山峻岭中,该公路隧道是重要的出省要道,对区域经济发展具有较大的促进作用。该隧道穿越位于山坡中下部顺谷坡展布,呈西南—东北走向,山体岩性主要为三叠系上统泥质砂岩。隧道沿线地貌类型主要为剥蚀丘陵地貌、河流冲积地貌两种类型,爱店镇辖区内群山连绵。镇区位于丘陵间的洼地,地势相对比较平坦,镇区西部边缘为公母山,其最高峰海拔为1 357.6m,是中越两国的界山;东侧为连片低山丘陵。

二、风险源与权重选取

由于现在国内外对公路隧道运营安全评价的风险源拟定缺乏完善的数据库,且各隧道的风险源具有一定的特殊性,当前采用专家评议法的方式进行具体公路隧道运营安全评价的风险源辨识。所选专家应对公路隧道运营安全比较熟悉、从事专业工作时间为五年以上,具有副教授、高级工程师等职称,并了解评估所涉及的理论基础知识。同时为增加评价结果的客观性,选取的专家应包含高速公路隧道结构、运营管理、交通设施等领域的专家。

当前高速公路隧道运营安全评估尚未有相关规范,在实际安全评估时存在较大的主观性。因此,为确保所构建的高速公路隧道运营安全综合评价指标体系科学、合理,需通过调研法对安全评估体系进行论证与修缮。评价指标的筛选主要包括设计咨询表、选择专家、计算和统计分析咨询结果、定量筛选指标、定性修改指标等步骤。基于区间模糊隶属度的计算方法对安全评价体系中指标的权重进行比较与确定。

构建的公路隧道运营安全评价体系中,对评价因素与权重的选取是重点,因而需根据以往公路隧道交通事故的形态与种类加以判别。因此,所选取的专家应当具有长时间的实践工作经验,在指标与权值确定的过程中应根据专家意见对一些指标的文字描述进行修改,对一些有包容关系的指标进行合并。

三、运营安全区间评价

为了掌握公路隧道的健康安全状态并为维修加固及运营管理提供数据依据，应对其进行运营安全模糊层次综合评价。其内容包括：

①公路隧道运营评价体系；

②公路隧道运营安全评价集；

③安全评价指标的权重及因数评价集；

④区间模糊评价。

在公路隧道运营体系中，分别对安全管理、隧道结构、交通环境、防灾救灾四个单因素进行模糊评价。

四、隧道运营安全性能改善的措施

(一) 短期改善措施

①必须给司机必要的信息提示，如在隧道中如何操作以及关于安全设施的特殊安全信息（路侧停车带、紧急电话、灭火器、应急出口和相关设备等）。

②应根据隧道内行车安全的要求设计公路隧道照明，包括照明强度、灯具选择及布置位置等。

③在发生高速公路紧急突发事件后，应采取信息技术告知即将驶入该隧道的驾驶员，提醒其做好绕道通行准备。

④逃生路径和紧急出口应该明确标示。

⑤对危险物品运输应加强管理，根据危险等级采取相应的措施予以解决，对危险系数较低的车辆也应避免交通量较大时通行。

⑥高速公路隧道的运营安全状况应定期进行评估。

⑦应加强隧道内的指示标志，为减轻或消除隧道的边墙效应，隧道两侧边墙上应安装红、黄色反光轮廓标示，并辅以线形诱导标，以使驾驶员对交通信息准确掌控。

⑧考虑到隧道内环境单调，驾驶员在行车过程中对行车安全距离的把握不准确，需在边墙处设置一些标志或相关参照物，使得驾驶员在行驶时根据参照物判定与前后两车的距离并及时调整；也可设置不相同的图案或里程标志、文化长廊、自然景观等，如终南山隧道内布置了植物。

⑨隧道内灯光应设置在与车辆等高的部位，以利于驾驶员掌握前方的行车环境。考虑到隧道内的行车高度不一，故应采用间隔布置的原则设置与不同车型的灯光高度。

⑩加强危险信号、标志及标牌设施建设，并采取必要的交通管制手段对违章违规车辆强制处理。

⑪增加交通信息提示标志，使驾驶员及时掌握行车前方的交通情况，避免操作时间过短而导致交通事故的发生。

⑫在隧道内增设防护性护栏，最好是柔性效能型的护栏，以保障车辆及司乘人员少受伤害。

(二) 中长期改善措施

①一般隧道内的通信信号不好，在突发事件发生后当事人无法采用手机及时向外界呼救，因此必须改进隧道通信设施，在规定的距离间隔处应当设置紧急电话等，以确保隧道管理中心能第一时间获得隧道内的安全状况，并及时采取应急救援措施。

②应改进隧道视频监控系统，使隧道运营管理中心实时掌握隧道内的情况，监控设备应保证隧道内无死角，从而使之全面掌握隧道的安全状况。

③通风系统应能达到发生火灾时最快排除烟雾的效果。

④长隧道必须配备自动火警系统，且安排规定人员定期进行检查与备案记录，当不符合要求时应及时予以更换。

⑤逃生路径必须标明，并确保其在烟雾、尘污染较为严重时仍具有指示作用。

⑥行人横洞要连接外部逃生路线。

⑦设置逃生和营救路线、额外的廊道，在必要的时候空气输送管可作为安全逃生的用途。

⑧改善消防设施，并对隧道管养员、消防员等进行多次培训，使其具有高速公路隧道突发事件的应对技能。

⑨隧道控制中心应由经过严格培训的人员管理。

⑩隧道安全管理员必须主管以下任务，并责任到人：

第一，组织对隧道管理人员和紧急服务人员进行有规律的教育与培训；

第二，根据公路隧道运营安全的要求不断更新紧急救援计划；

第三，对所有的应急救援人员进行有规律的紧急训练并优化公路隧道管理机制；

第四，对公路隧道风险事件、安全事故进行评估与预警，当评价结果显示风险等级高于三级时，应当采取风险降低措施；当风险等级为五级时，应立即采取交通管制，对公路隧道进行整治。

公路隧道运营一段时间后，其衬砌结构、围岩稳定性状况及附属结构等均会发生一定程度的劣化，从而影响公路隧道的安全运营。对高速公路隧道运营安全状况进行评价，有利于为公路隧道安全响应提供决策依据。采用基于区间数学的模糊综合层次分析法对某高速公路隧道进行运营安全评价，可得到以下几点结论：

①当前国内外对公路隧道运营安全评价的风险源拟定缺乏完善的数据库，且各

隧道的风险源具有一定的特殊性，因而采用专家评议法的方式进行具体公路隧道运营安全评价的风险源辨识。

②基于层次分析法与模糊综合具有较好的薄弱环节区分度，从而可根据相应缺陷项进行安全性能改善。

③根据公路隧道安全事故的特征，提出了改善隧道安全运营环境的措施，以确保隧道的安全运营。

第五章
高速公路隧道检测分析评估

第一节　隧道检测的目的、内容及评定标准

高速公路隧道病害是一个世界性的难题，我国是世界上公路隧道最多的国家之一，近年来，我国公路隧道每年平均新建 350 千米，公路隧道在公路交通运营中的地位越来越重要。通过对高速公路隧道进行检测，可以降低高速公路隧道事故的发生率，提高高速公路隧道的通行安全性。因此，加强对高速公路隧道的检测具有非常重要的现实意义。

一、隧道检测的目的与内容

全面了解隧道目前的状况可为隧道的安全性和耐久性评估提供基础的数据支持，为隧道的改造提供依据，为隧道的后续使用和养护维修等提供基础资料。

隧道检测包括对洞口、洞门、衬砌、路面、检修道、排水系统、人行横洞、车行横洞等进行外观检查，以及衬砌裂缝形态和分布、混凝土外观缺陷、渗漏水等。检测人员依次检测隧道的各个结构部位，注意存在病害情况和原有病害情况的发展变化，对于有病害情况的结构，应在其适当位置做出标记，检测结果宜尽可能量化。

二、隧道检查与养护

(一) 隧道检查与养护的内容

隧道养护工作必须贯彻"预防为主，防治结合"的工作方针，采取预防性、经常性的养护和维修措施，使公路隧道始终处于良好的技术状况。

1. 土建结构的检查与养护

土建结构的检查分为四类，即日常检查、定期检查、特殊检查及专项检查。

(1) 日常检查

日常检查主要是及早发现破损、显著病害，或其他异常情况，并采取处治措施。检查部位为：洞口、洞门、衬砌、路面、检修道、排水设施、吊顶、内装、交通标志。

检查内容及养护要点如下：

①洞口上方边（仰）坡是否存在落石、积冰、积水，圬工体是否有损坏。

②洞门圬工体是否存在起层、灰缝脱落、渗漏水，是否已妨碍交通。

③水泥混凝土路面是否有滞水结冰现象，伸缩缝内灌缝胶是否有效，有无断板、错台等病害。

④排水设施有无堵塞、积水漫流现象。

⑤吊顶及内装是否清洁，伸缩缝处有无内装起层、脱落现象。

⑥交通标志是否有损坏，表面有无脏污，脏污是否影响其使用功能，能否有效传递交通信息。

(2) 定期检查

定期检查要求对土建结构的基本技术状况进行全面检查。

检查内容及养护要点如下：

①洞口。仰坡上方山体是否有滑坡，岩石是否有岩崩征兆；挡土墙、截水沟等圬工体是否有裂缝、鼓肚、表面风化、下沉等现象。

②洞门。墙身有无开裂、块石松动现象，衬砌是否有起层、剥落现象，结构是否有沉陷、断裂现象。

③衬砌。衬砌是否有起层、剥落现象，洞顶是否有渗漏水，墙身施工缝是否有异常。

对于衬砌起层、剥落，应及时清除可能影响交通安全的剥落层，并在现场用红油漆做好标记，注明检查日期，以便下次检查时进行对比，从而采取行之有效的措施，消除行车安全隐患。

④洞内路面。路面伸缩缝内灌缝胶功效是否正常，路面是否有拱起、错台、断板现象。

⑤排水设施。排水沟内是否有沉沙、淤堵现象，地漏等各部件是否完好。

⑥吊顶及内装。吊顶有无漏水，内装表面脏污程度。

⑦交通标志、标线。检修道内衬墙上的突起路标有无锈蚀、老化失效、缺损，隧道内的标线是否有脏污、破损或脱落现象。如有上述情况要及时更换或补充、维修或重新施画。

(3) 特殊检查

特殊检查是在隧道受到自然灾害、墙体受到外力碰撞事故、火灾等异常事件后，对受影响的结构立即进行检查，及时掌握结构受损情况，检查内容参照定期检查内容。检查结束后，针对受损部位及结构要有专门的检测报告，制定合理的改进措施。

(4) 专项检查

专项检查是根据定期检查和特殊检查的结果，在查明破损或病害的详细情况后进行的更深入的专门检测。

需要进行专项检查的情形如下：

①由于外载荷作用造成结构性破坏，如衬砌变形、沉降、起层、剥落、突发性坍塌等。

②材料劣化导致结构破损，如衬砌断面强度降低，衬砌起层、剥落，钢筋腐蚀等。

③由于渗漏水导致结构破损，如从衬砌裂缝处渗水，渗漏水导致结冰、砂土伴随流出。

2. 机电设施的检查与养护

机电设施的检查与养护重点为供配电设施、照明设施、消防设施、监控设施等的检查养护。

(1) 供配电设施的检查与养护

由持有电工证的专业人员，配备专门的电工检修工具，针对变压器、高低压配电柜、变电室内相关设备进行检查，观察有无异常、异响、发热、火花、气味等现象，及时消除设备故障。

(2) 照明设施的检查与养护

①隧道管理人员每天要通过步行或养护巡查车对照明设施外观进行一般性检查。

②隧道管理人员要对机电设备的运转或损伤情况进行经常性检查，发现破损零部件应及时维修或更换。

(3) 消防设施的检查与养护

①对消防器材柜的使用功能进行检查，如锁具有无异常、柜体是否锈蚀、柜内灭火器有无失盗现象。

②检查灭火器有无锈蚀、软管是否有损伤，是否过期。

③洞口防火砂是否码放整齐，有无妨碍行车现象。

(4) 监控设施的检查与养护

监控设施是指烟雾浓度探测仪、CO检测仪、交通量检测仪、车高仪、电视监控设施、波音设施、可变信息板、限速标识设施、信息处理设施以及控制软件等。定期对监控设施的使用功能进行一般的外观巡检，发现异常应立即处理。

(二) 隧道养护的要求

根据《公路隧道养护技术规范》(JTG H12—2015) 的规定，公路隧道养护工作应满足以下技术要求：

①公路隧道养护的范围应包括土建结构、机电设施以及其他工程设施。

②公路隧道养护工作应划分隧道养护等级，并按照等级实施养护。

③应对公路隧道进行定期检查,根据检查结果对隧道技术状况进行评定,并根据隧道交通运营状况、结构和设施技术状况以及病害程度、围岩地质条件等制订相应的养护计划和方案。

④隧道内养护作业不中断交通时应采取措施保障安全并减少对交通的干扰。

⑤公路隧道接养时应建立隧道养护技术档案,并宜纳入公路信息化养护管理系统。

⑥公路隧道养护应贯彻"预防为主,防治结合"的方针,加强预防性养护,保持公路隧道的正常使用状态。

⑦应积极而慎重地采用新技术、新材料、新设备与新工艺,使养护维修达到安全实用、质量可靠、经济合理、技术先进的要求。

⑧公路隧道养护除应符合《公路隧道养护技术规范》(JTG H12—2015)的规定外,还应符合国家和行业现行的有关标准的规定。

三、隧道技术状况评定及养护对策

(一) 隧道技术状况评定

公路隧道技术状况评定包括隧道土建结构、机电设施、其他工程设施和总体技术状况评定。公路隧道技术状况评定采用分层综合评定与隧道单项控制指标相结合的方法,首先对隧道各检测项目进行评定,其次对隧道土建结构、机电设施和其他工程设施分别进行评定,最后进行隧道总体技术状况评定。

1. 土建结构技术状况评定

土建结构技术状况评定应根据定期检查资料,综合考虑洞门、结构、路面和附属设施等各方面的影响,确定隧道的技术状况等级。进行专项检查时,宜按照《公路隧道养护技术规范》(JTG H12—2015)的规定,对所检查项目进行技术状况评定。

土建结构技术状况评定应先逐洞、逐段对隧道土建结构各分项技术状况进行状况值评定,在此基础上确定各分项的技术状况,再进行土建结构技术状况评定。

2. 机电设施技术状况评定

①机电设施技术状况评定应根据日常巡查、经常检修和定期检修资料,结合设备完好率统计,确定机电设施的技术状况等级。

②机电设施技术状况评定宜采用考虑机电设施各项目权重的评定方法。

③机电设施技术状况应根据设备完好率进行评定。

(二) 隧道的养护对策

公路隧道总体技术状况评定应分为1类、2类、3类、4类和5类。

①1类：正常养护。
②2类：应对结构破损部位进行监测或检查，必要时实施保养维修。
③3类：应对结构破损部位重点监测，并对局部实施保养维修。
④4类：应尽快实施结构病害处治措施。
⑤5类：应及时关闭隧道，实施病害处治，特殊情况需进行局部重建或改建。

1. 土建结构养护对策

对技术状况评定划定的各类隧道土建结构，应分别采取不同的养护措施：
①1类隧道应进行正常养护。
②2类隧道或存在评定状况值为1的分项时，应按需进行保养维修。
③3类隧道或存在评定状况值为2的分项时，应对局部实施病害处治措施。
④4类隧道应进行交通管制，尽快实施病害处治措施。
⑤5类隧道应及时关闭，然后实施病害处治或加固措施。

2. 机电设施养护对策

对技术状况评定划定的各类机电设施，宜分别采取不同的养护措施：
①1类机电设施应进行正常养护。
②2类机电设施或存在评定状况值为1的分项时，应进行正常养护，并对损坏设备及时修复。
③3类机电设施或存在评定状况值为2的分项时，宜实施专项工程，并应加强日常巡查。
④4类机电设施或存在评定状况值为3的分项时，应实施专项工程，并应加强日常巡查，采取交通管制措施。

当各类机电设施的关键设备出现故障时，均应及时修复。

第二节　隧道环境工程地质

中国幅员辽阔，山区面积占2/3。因此，在山区公路修建中，隧道工程占有相当大的比例，特别是自1985年以来，新建公路大规模向山区发展，每年修建隧道长度为50~100km。

大量的隧道工程在其修建及运营使用过程中，存在许多环境地质问题。这些问题不但对隧道工程本身，而且也对人类的生存环境造成巨大影响。探讨隧道工程建设引起的环境地质演化，寻求对策，保护和改善环境，无疑是公路工程地质工作者的重要历史使命，也是对公路工程地质学的延伸、深化和发展。

一、隧道工程环境地质灾害

隧道一般修建在地壳表层下 2km 的范围内。由于隧道的开凿，导致地质环境的演化，会出现一系列的环境地质灾害。

(一) 隧道洞口仰坡、边坡的失稳

洞口边仰坡的切削改变了原有自然斜坡的平衡状态，特别是在原有地质背景质量较差的地段，如堆积层、风化卸荷带等，若开挖的深度和设置的坡度不当，常产生崩塌、滑坡等地质灾害。为恢复洞口坡体的稳定，常常不得不接长明洞。

宝成线南段 37 座隧道中就有 29 座洞口接长明洞；枝柳线圆八段有 1/3 的隧道洞口做了延长；襄渝线达施段 40 座隧道亦因洞口施工引起崩塌滑坡，42 个洞口延长或接长明洞，增设挡墙。

(二) 洞体围岩失稳

洞体围岩的塌方冒落是隧道施工中常出现的地质灾害。以成昆线为例，全线共有 415 座隧道，施工中约有 25% 的隧道发生过大型塌方，其中有 54 座隧道的 86 处冒落塌通至地表。又如大秦线有 43 座双线隧道，其中 84% 的隧道均产生不同程度的塌方，有 10 处塌通至地表。

产生塌方冒落的地质背景是：①第四系各类堆积层；②断层破碎带；③严重风化破碎带；④节理裂隙密集带；⑤岩脉穿插接触蚀变带；⑥软硬岩层相间或软弱夹层软岩体；⑦强烈褶皱带轴部；⑧地下水富集带；⑨古滑坡地段。

洞体围岩变形失稳导致洞内以及地表环境的改变。

①洞内坍方引起地表坡体变形，造成滑坡。

②洞内大量坍方引起地表塌陷。

③腐蚀与膨胀。当隧道的围岩是易溶盐或含硫物质的岩层时，经地下水作用，构成侵蚀性水，其将对隧道衬砌混凝土产生严重的腐蚀破坏。被侵蚀的混凝土表层隆起、结构酥化、骨料分离，由外向里逐渐剥落，严重者呈"豆腐渣"状。以成昆线为例，全线共有 30 座隧道发生混凝土腐蚀，其中严重者有 10 座。混凝土的化学腐蚀主要有硫酸盐型腐蚀、一般酸性腐蚀和溶出型腐蚀 3 种，其中以前者占大多数。据对成昆线中坝、法拉等隧道的观察，7 年后腐蚀深度一般为 4~8cm，个别严重者达 25cm。

隧道中含膏岩地层、易水化膨胀的软质岩如泥质页岩等在地下水参与作用下，使围岩产生膨胀变形。仅成昆线就有近 10 座隧道有这一病害。由于地下水易在隧道底部汇集，因此，膨胀变形多表现为底鼓。

④岩爆。岩爆是隧道工程的一大灾害，是一种特殊的围岩变形失稳破坏现象。岩爆多发生在隧道埋深较大、初始地应力较高的坚硬脆性岩体区段。

成昆线关村坝、莲地、牵板沟二号等隧道均发生过岩爆，其中尤以前者突出。关村坝隧道在开挖前2个月中发生岩爆，曾多次发生人身伤亡事故，威胁施工安全，影响施工进度。

目前已经开工的秦岭长隧道（18.4km）的埋深在数百米至1500m，岩性多为坚硬脆性的混合花岗岩类，其岩石抗压强度可达130MPa，且地应力较高，从进口100多米处已发生的岩爆情况可知，具有产生岩爆的基本工程地质条件和环境，岩爆将是该工程的一大地质灾害。为保障该隧道建设的顺利进行，正着手进行岩爆预测预报和防治措施的研究工作。

（三）隧道涌水灾害与地表水源枯竭

隧道的修建是人为地形成一个地下集水廊道，改变了地下水原有的运移规律，成为新的地下水运移、排泄的汇流空间。中国的铁路隧道有1/3存在涌漏水现象，一方面直接对隧道施工和公路运营造成不同程度的危害，另一方面又造成隧道所在地区地表失水，导致水源减少甚至枯竭，危及工农业生产，使人们的生活用水短缺。隧道内涌水越厉害，其所在地区的失水程度就越高；反之，涌漏水轻微，失水程度也相应轻微。

按隧道中地下水的涌漏特征，可将隧道涌水分为突然涌水、季节性涌水、渐增型涌水、渐减型涌水和恒常涌水，其中以前两者的危害最为严重。

水害产生的地质背景是地下水富集，如断层破碎带或其两侧、节理裂隙密集带、向斜轴部、岩溶地区、含水地层与隔水层交界处等。

1. 大量涌水危及施工和运营

隧道施工中，突发性大量涌水常淹没施工坑道、冲毁淹埋施工机具、中断施工。若不彻底处理，隧道在运营期间会因季节性涌水而中断行车，特别是岩溶地区的隧道。

2. 水源枯竭，恶化生态环境

临近乡镇人烟稠密地区由于隧道修建造成地区饮水水源枯竭和农田失水，直接危及人们的生产和生活，使生态环境恶化。

3. 地下水位下降引起地表塌陷

由于隧道内涌漏水，使地表水向隧道运移，地下水位急剧下降，引起地表塌陷。这种现象在岩溶地区尤为突出。

(四) 其他灾害

除了上述常见的灾害外，还有以下几种偶发的地质灾害：

①有害气体的逸出；

②高寒地区隧道冻融灾害；

③地热灾害；

④地震灾害；

⑤弃渣不当引起的人工泥石流。

二、隧道工程环境地质灾害的防治原则

隧道环境地质灾害的防治工作应贯穿于工程建设的始终。在可行性研究阶段和初测阶段，根据评定区域水文地质、工程地质背景条件的优劣程度，做出可能产生环境地质灾害的区段的分区略图，为隧道选址提供依据。同时，对可能产生环境地质灾害的区段，进行详细的地表及地下地质测绘、钻探、综合物探；对可能产生坡体失稳、围岩失稳的地段，确定围岩类别，预测坑道涌水状况，特别是断层破碎带、岩溶地段，应对其空间展布、宽度、富水性及可能发生的涌突水、突泥和地表塌陷以及地表水源枯竭灾害做出预测。在施工阶段，重点对隧道开挖掌子面前方的不良地质体的位置、性质和规模进行及时预报，并提出相应的防治措施。

①为防止和减少隧道洞口边、仰坡的变形和沿河傍山隧道坡体变形，根据几十年的经验教训，在隧道选址和长度选择上宜"早进晚出、宁里勿外"。即在隧道洞口段不可长拉沟，应尽量减少洞口边、仰坡的高度和坡度，尽量减少对原始自然斜坡状态的破坏；傍山隧道尽量向山内侧靠，以避免偏压和坡体失稳。

②为防止和减少洞身围岩变形失稳，应充分利用围岩的"自支撑力"（自稳能力）。施工时，尽可能减少对围岩的扰动，如采用控制爆破或掘进机开挖；受扰动围岩应及时支护、封闭，如锚—喷—网、钢拱架等。断面形态应与围岩级别相适应，对自稳能力极差的围岩，则应采取预加固的方法即"先固后挖"，用预注浆、长短管棚对围岩进行加固；对于软弱围岩（含软岩、破碎岩、风化岩等），为防止冒落塌方，采取"以防为主、宁强勿弱、步步为营、稳中求快"的施工指导思想和"管棚超前、少扰动、早喷锚、强支护、紧封闭、勤监测"的施工原则。对岩爆这一特殊的围岩失稳灾害，则以预先解除应力、软化围岩及喷锚支护等措施来减缓其灾害程度。

③对隧道水害，过去曾"以排为主"，虽然解决了一些问题，但引起了环境恶化，生态环境受损。为防止隧道内大量涌漏水及其诱发地表水源枯竭和地表塌陷，从保护生态环境角度出发，今后新建隧道应"以堵为主"，以使隧道处于与外围地下水系隔离的状态，而不成为地下水的新排泄渠道，使隧道建成后隧道所在地区地下

水的补给、运输和排泄系统得以保持或逐渐恢复原有状态，维持生态环境的平衡。因此，采用超前预注浆，使隧道衬砌结构有足够的抗水压和防渗漏能力是非常重要的举措。

④对其他地质灾害，应区别不同类别和性质，采取相应对策。对有害气体，应及时封闭含气围岩，加强通风，降低有害气体浓度；对冻害，主要是防止水的渗漏；对热害，则以加强通风和洒水降温为主；对地震灾害，重点是在洞口和断层带地段加强支护；弃渣地点应事先做好拦渣结构和排水措施，防止因弃渣堆放不当造成人工泥石流。

第三节　工程应用实例

一、隧道概况

隧道位于万州至云阳高速公路上，于2005年建成。隧道为分离式双洞单线行驶隧道，采用复合式衬砌、沥青混凝土路面，洞门形式为端墙式，净宽为10.25m，净高为7.05m，限界高度为5m，行车道宽度为7.5m，检修道宽度为0.75m，采用机械通风方式，有照明设施、消防设施、通信设施、人行横洞和车行横洞。左洞中心桩号为K1451+873，全长为1 386m；右洞中心桩号为K1451+898，全长为1 436m。隧道埋深为125m，隧道设计行车速度为80千米/时，设计荷载为公路Ⅰ级，隧道路面横坡为单向坡（直线段）。

二、隧道现状

检测时发现隧道内衬砌混凝土表面存在裂缝修补，采用的修补方法为表面封闭，修补材料为环氧树脂类砂浆。通过检测发现隧道衬砌修补过的裂缝大部分没有二次开裂。

三、评价与建议

(一) 土建结构技术状况和功能状态评价

依据《公路隧道养护技术规范》(JTG H12—2003)对隧道土建结构技术状况和使用功能的综合评价如下：左、右隧道评定分类均为S，存在部分异常情况，但病害程度较为轻微。

(二) 土建结构养护维修建议

①按照《公路隧道养护技术规范》(JTG H12—2003) 要求，加强对其进行日常巡查和养护维修工作。

② 2015 年检测时未发现缝宽大于 3.0mm 的裂缝，但与 2014 年的检测结果比较发现，隧道衬砌裂缝数量增加显著，建议对缝宽小于 2.0mm 的裂缝可暂不做处理，对缝宽大于 2.0mm 小于 3.0mm 的环向裂缝、纵向裂缝和斜向裂缝采用表面涂抹法封闭处理；下一阶段对已做表面封闭处理的环向裂缝、纵向裂缝和斜向裂缝的发展变化进行日常监测，判断裂缝发展情况。

③对检修道路进行全面维护，修复破损的检电缆沟侧壁和边沟盖板等，确保行人安全。

四、结论

①对隧道左隧病害进行两次检测，经过对比，环向裂缝增加 27 条，裂缝总长增加 43.02m；纵向裂缝增加 57 条，裂缝总长增加 170.48m；斜向裂缝增加 14 条，裂缝总长增加 26.2m；裂缝宽度有所增加；网状裂缝增加 8 处，总面积为 10.65m^2；新增 2 处渗漏水和 11 处其他病害等。

②对隧道右隧病害进行两次检测，经过对比，环向裂缝增加 54 条，裂缝总长增加 112.05m；纵向裂缝增加 160 条，裂缝总长增加 447m；斜向裂缝增加 36 条，裂缝总长增加 65.8m；裂缝宽度有所增加；网状裂缝增加 13 处，总面积为 30.15m^2；新增 6 处其他病害等。

通过对高速公路隧道状况进行全面检测，得出隧道状况的评估报告，可以更科学地探明隧道的实际状况，为隧道日常的维修保养及必要的整治提供了系统完整的依据，为高速公路安全运营奠定了基础。

第六章
桥梁隧道健康检测与智能管理系统探究

第一节　桥梁隧道健康检测与智能管理系统的发展进程

(一) 国外桥梁隧道健康检测与智能管理系统的发展历程

最早开始研究桥梁隧道信息管理系统的国家是美国，在20世纪70年代，美国就建立了世界上第一个桥梁信息系统——国家桥梁档案数据库，对全美境内的所有桥梁资料进行收集和系统的管理。经过了40多年的发展和深化，现在的国家桥梁档案数据库成为一个系统完善的桥梁数据库，它记载着全美的桥梁信息并根据情况实时更新，不仅能对桥梁的使用情况做出一个合理的评估，还能为桥梁的维修或者重建等重大工程提供技术数据参考。与美国相比其他国家的桥梁信息管理系统的建立时间较晚，但完善程度并不逊色，如英国的NATS系统、芬兰的国家公路署管理系统、日本的道路公用桥梁管理系统以及丹麦的DANBRO系统等，都是值得我们学习和借鉴的优秀实例。

(二) 我国桥梁隧道健康检测与智能管理系统的发展现状

我国开始研究桥梁信息管理系统是在20世纪80年代中期，交通运输部公路科研所研发了中国公路桥梁管理系统（CBMS系统），随后北京、上海、四川等地的公路科研所也陆续建立了自己的公路桥梁管理系统，如同济大学研发的上海市城市桥梁管理系统和浙江大学交通工程研究所研发的文晖大桥斜拉桥健康检测评估管理系统等，开创了我国桥梁信息管理系统的先河，为后来桥梁信息管理系统的发展奠定了良好的基础。

关于隧道信息管理系统，目前我国有秦岭终南山隧道监控系统、青海马平隧道综合监控运营管理系统以及成功岭高速公路隧道监控系统等多个成功的项目。但从项目名称中我们不难发现，目前我国隧道管理信息系统的研发偏重于项目级的管理，主要集中在隧道环境和机电设备的监控上，研发的结构较为单一，对于研发功能齐全的隧道养护以及智能化管理系统比较少。

第二节　桥梁隧道健康检测与智能管理系统的模式

建立桥梁隧道健康检测与智能管理系统能够使管理者更为直观、准确、全面地了解桥梁隧道的过去、现在和未来，对桥梁隧道的运营状况做出正确的评估，使管理者能够及时、有效地对桥梁隧道实施维修和养护，最大限度地延长桥梁隧道的使用寿命，充分发挥桥梁隧道的运营价值，进而确保道路交通运输的安全和通畅。因此，桥梁隧道管理系统不能像传统的管理系统一样局限于项目级的管理研发，而是应当建立一个路网级的全方位桥梁隧道管理系统，其内部子系统分为如下五个方面：

(一) 桥梁隧道数据库系统

桥梁隧道数据库系统就是将桥梁隧道的基本资料、检测资料、监控资料、维修养护资料以及发生过的交通事故资料等内容进行系统的整合，将桥梁隧道的静态、动态信息都体现在数据库系统中，以便管理者根据数据库中所描述的参数为桥梁隧道的状态评估及维修预算提供基础数据。

(二) 桥梁隧道检测评估与决策系统

由于每座桥梁隧道的结构都是不同的，根据不同的结构变化数据才能对桥梁隧道的安全性和功能性做出准确的判断，这些数据就是通过桥梁隧道检测评估得出的。桥梁隧道检测评估与决策系统至少应当包括检测项目、劣化状况描述、检测评分标准以及维修数量等内容。其中每次检测时应当对检测时间、检测单位以及检测内容进行详细的记录，而对于劣化状况的描述应当围绕劣化的范围、程度、对桥梁隧道的影响重点开展。根据桥梁隧道的检测结果，并结合数据库系统中桥梁隧道的基本信息，做出科学的评估，不仅可以为后续提出维修和养护方案以及风险处理措施提供数据支持，还能够为维修项目的费用预算提供依据。

(三) 桥梁隧道实时监控系统

对桥梁隧道的实时监控主要是对桥梁的荷载能力、动静态反应能力以及桥梁环境进行监测。隧道实施监控主要是对隧道变形和隧道内部环境进行监测。隧道实时监控包括隧道变形监测及隧道内环境量监测，变形监测的主要内容有隧道衬砌变形、路基下沉、衬砌单元间裂缝开展、衬砌单元的相对沉降。隧道内环境量监测主要包括：①全隧道通风、照明、消防和通信设备的运行状况监测；②全程气温、烟雾浓度监测；③隧道内外亮度监测；④各测点监测；⑤隧道交通状况监测。通过设置在桥梁隧道内的数据采集系统自动采集监测内容的状态参数，周期性地对这些监测参数进行对比分析，得出桥梁隧道的健康状况，并建立自动报警系统，一旦监测到的数据超过了预定的数值，则报警会提醒管理者对桥梁隧道及时进行维护。实时监控系统可以对安全隐患进行有效排除，延长桥梁隧道的使用寿命，并且可以避免由于监管不及时而造成的桥梁隧道重大安全责任事故，避免国家及人民的生命和财产遭受严重损失。

(四) 桥梁隧道预算与维修计划系统

桥梁隧道在使用过程中养护经费是十分有限的，一旦桥梁隧道出现问题维修经费也捉襟见肘。桥梁隧道预算与维修计划系统的建立就是根据信息系统中桥梁隧道需要维修的紧迫性，在预算额度内对需要维修的项目进行优选顺序排列，制订年度维修计划，以达到预算的最合理分配。桥梁隧道预算与维修计划系统可以综合利用数据库信息以及桥梁检测和实时监控的数据结果制订下一年度的桥梁隧道维修与养护计划，保证桥梁隧道的正常使用，确保道路交通运营安全。

(五) 桥梁隧道地理信息系统

地理信息系统是将采集、存储、分析和描述整个或者部分地球表面的空间和地理分布有关的数据空间信息系统。由于桥梁隧道等设施的建设具有很强的地理信息属性，因此，将地理信息系统运用到桥梁隧道管理系统中是今后桥梁隧道管理系统发展的一个必然趋势。桥梁隧道管理系统可以依靠地理信息系统这一强大的数据平台，为复杂的桥梁隧道管理提供可靠的数据支持，有利于桥梁隧道管理的全面建设。

第三节　桥梁隧道健康检测与智能管理系统的发展前景

桥梁隧道健康检测与智能管理系统是集桥梁隧道检测、监控和管理于一身的系统化、全面化的管理系统模式，是一套功能齐全、科技含量高的管理系统。它的广泛应用一方面可以加强对桥梁隧道范围内交通流的疏导和控制，提高桥梁隧道的畅通程度，避免拥堵造成的环境污染，通过高度自动化的管理系统有效地降低了政府部门管理的成本；另一方面通过该系统对桥梁隧道使用状况的实时监控可以有效避免因监管不及时而造成重大安全责任事故的发生，避免人民生命财产安全、社会秩序和经济利益遭受负面影响。另外，就桥梁隧道本身的使用而言，该系统的运用不仅能够通过及时的养护和维修达到延长桥梁隧道的使用寿命的目的，还能有效节约建设、养护、维修和管理的成本，为桥梁隧道的可持续利用提供了条件。因此，一套系统完善的桥梁隧道健康检测与智能管理系统的建立和应用可以带来巨大的经济效益和良好的社会效益。

　　通过建立桥梁隧道健康检测与智能管理系统可以使桥梁隧道的使用效率得到巨大的提升，还可以节约成本、降低管理难度。但当前我们在建立该系统的过程中还有很多问题需要去探究并予以解决，桥梁隧道的管理还需要朝着一个标准化、规范化和系统化的方向继续发展。

参考文献

[1] 周新军. 交通运输业能耗现状及未来走势分析[J]. 中外能源, 2010(7): 9-18.

[2] 蔡凤田. 公路交通运输领域节能减排对策[J]. 交通节能与环保, 2008(2): 36-44.

[3] 路杨, 任赟, 朱斌, 等. 高速公路隧道 LED 照明智能控制和供配电优化设计[J]. 公路交通科技（应用技术版）, 2012(3): 211-213.

[4] 易震宇. 隧道洞口区域车辆侧移原因分析[J]. 公路隧道, 2005(2): 10-14.

[5] 叶飞, 苏臣宏. 公路隧道营运安全分析及对策[J]. 现代隧道技术, 2003(1): 31-33.

[6] 巩航军, 魏显威. 高速公路隧道运营安全综合评价研究[J]. 公路交通科技, 2010(8): 127-130.

[7] 王长春. 遮光棚在高速公路隧道营运安全与节能设计中的应用[J]. 公路隧道, 2011(3): 40-42.

[8] 戴学臻, 邢磊. 公路隧道运营安全设防分级标准的研究[J]. 中外公路, 2010(4): 236-238.

[9] 陈咏明. 公路隧道二次衬砌裂损病害机理研究[J]. 湖南城市学院学报（自然科学版）, 2014(3): 5-9.

[10] 陈礼伟. 浅析隧道病害调查方法与处理技术[J]. 现代隧道技术, 2004(2): 53-57.

[11] 陈洪凯, 李明. 公路隧道健康诊断与控制综述[J]. 重庆交通大学学报（自然科学版）, 2006(4): 11-16.

[12] 伍美华, 陈平志. 桥梁隧道健康检测与智能管理系统研究[J]. 华东公路, 2010(1): 45-47.

[13] 戴学臻. 公路隧道运营安全评价及管理系统开发研究[D]. 西安: 长安大学, 2010.

[14] 郑宏. 吉林省高速公路隧道运营安全保障技术研究[D]. 长春: 吉林大学, 2012.

[15] 田登. 不同运营状态下公路隧道交通安全保障工程措施研究 [D]. 重庆：重庆交通大学，2009.

[16] 李雄. 基于运营安全的隧道环境保障技术——以木冲隧道为例 [D]. 重庆：重庆交通大学，2013.

[17] 熊先波. 隧道典型病害与结构安全性评估研究 [D]. 重庆：重庆交通大学，2013.

[18] 代高飞. 隧道典型病害及连拱隧道裂缝和渗漏水调查研究 [D]. 上海：同济大学，2004.

[19] 刘永华. 高速公路隧道安全性评价研究 [D]. 成都：西南交通大学，2004.

[20] 孙斌. 隧道结构健康远程监测系统的研究与设计 [D]. 西安：长安大学，2012.

[21] 张建伟. 运营隧道健康检测评估模型研究 [D]. 重庆：重庆交通大学，2012.